Früchte einkochen, kandieren, einlegen

Gabriele Lehari

3. überarbeitete Auflage
58 Farbfotos
8 Zeichnungen

Inhalt

Vorwort

Eine ausgewogene, gesunde Ernährung ist für viele Menschen sehr wichtig. Obwohl bei uns das Angebot an Lebensmitteln so vielfältig und abwechslungsreich ist wie wohl in keiner anderen Region der Welt und niemand in unseren Breiten bei normaler Ernährung an Mangelerscheinungen leidet, kommt diesem Thema nach wie vor eine sehr große Bedeutung zu. Ständig gibt es neue Erkenntnisse darüber, welche Lebensmittel besonders gesund sind oder sogar bestimmte Erkrankungen vorbeugen können und welche man eher mit Vorsicht oder nur in kleinen Mengen genießen sollte. Auch wenn es diesbezüglich immer mal wieder veränderte oder sogar widersprüchliche Empfehlungen gibt, über eines sind sich alle einig: Obst ist einfach gesund. Nicht ohne Grund hat sich das Motto „5 per day" durchgesetzt, was bedeutet, dass jeder Mensch fünfmal am Tag etwas Obst oder Gemüse – egal in welcher Form – zu sich nehmen sollte.

Obst ist immer schon eine beliebte und wertvolle Vitaminquelle. Auch wenn heute durch die besseren Transport- und Lagermöglichkeiten manche Obstarten fast das ganze Jahr über angeboten werden, beschränkt sich das Angebot frischer und heimischer, in unsere Breiten erzeugter Früchte nur auf eine bestimmte Jahreszeit. Will man aber auch den Rest des Jahres nicht auf den Verzehr gesunder Früchte verzichten

und dabei nicht unbedingt auf teure, in weit entfernten Ländern angebaute Obstarten zurückgreifen, bietet sich die in diesem Buch beschriebene Verarbeitung und Konservierung von Früchten an.

Denn außer dem einfachen und problemlosen Einfrieren von Früchten und dem Dörren bestimmter Obstarten gibt es noch eine Reihe anderer Verfahren, Früchte haltbar zu machen. Hierbei macht man sich die konservierende Wirkung von Zucker, Alkohol und Essig sowie den keimtötenden Effekt des Sterilisierens zunutze.

Das Einkochen und Einlegen von Obst wurde schon lange vor dem Zeitalter der chemischen Konservierungsmittel erfolgreich praktiziert. Mit dem steigenden Ernährungs- und Gesundheitsbewusstsein erfreuen sich diese altbewährten Methoden auch heute noch großer Beliebtheit. Denn auch wenn mittlerweile viel mehr aus Obst hergestellte haltbare Produkte im Handel sind als noch vor wenigen Jahrzehnten, verzichten viele Verbraucher doch gern auf unnötige Geschmacksverstärker, Konservierungsmittel oder andere Zusätze. Somit ist das Anwenden der klassischen Methoden mit möglichst wenigen Zusätzen eine durchaus moderne und zeitgemäße Art der Haltbarmachung. Es gibt aber noch andere Vorteile. Durch den eigenen Anbau oder den gezielten Einkauf von Früchten bekannter Herkunft kann man weitgehend schadstofffreies Obst verarbeiten und naturrein sowie vitaminschonend zubereiten. Außerdem lassen sich auf diese Art preiswerte Köstlichkeiten ganz nach dem persönlichen Geschmack kreieren. Und gerade in einer Zeit, in der das Angebot unzähliger Produkte fast ins Unermessliche gestiegen ist, werden liebevoll verzierte Gefäße mit selbst erzeugten Konfitüren, Gelees, Chutneys oder eingelegten Früchten zu sehr netten Geschenken für Verwandte und Freunde, die diese persönlichen und individuell ausgewählten oder zubereiteten Mitbringsel durchaus zu schätzen wissen.

Erfahren Sie in diesem Buch, wie Früchte am besten konserviert und bearbeitet werden. Lassen Sie sich von den abwechslungsreichen Rezepten inspirieren. Denn diese Rezepte dienen nicht nur zur Anleitung, sondern sollen auch anregen, nach eigenen Vorstellungen Fruchtaufstriche, Kompott und Chutneys zuzubereiten, Früchte zu kandieren oder mit verschiedenen Zutaten einzulegen. Hierbei ist bestimmt für jeden Geschmack etwas dabei. Und der Fantasie sind bei weiteren Kreationen der Rezepte keine Grenzen gesetzt.

Reutlingen, im Frühjahr 2008
Gabriele Lehari

Rechte Seite: Sauerkirschen in Amaretto

Natürliche Konservierung von Früchten

Da frisches Obst meistens nur kurze Zeit haltbar ist, muss man sich verschiedener Methoden bedienen, um die Früchte haltbar zu machen und so länger lagern zu können. Will man Obst richtig konservieren, muss man zunächst wissen: Warum verderben frische Lebensmittel überhaupt?

Frische Nahrungsmittel werden durch chemische und mikrobielle Umwandlungsprozesse verändert. Die chemische Veränderung von Früchten äußert sich zum Beispiel in dem „Braunwerden", wie wir es von Äpfeln, Birnen und Bananen kennen. Bei diesem Prozess werden bestimmte Substanzen des Fruchtfleisches durch den Luftsauerstoff oxidiert, das heißt, sie werden chemisch verändert. Diese Veränderung erfolgt meistens innerhalb weniger Minuten, führt aber so schnell noch nicht zu einem Verderben der Frucht. Die mikrobielle Zersetzung der Früchte dagegen bewirkt, dass diese ungenießbar oder sogar giftig für den menschlichen Verzehr werden.

Die meisten Mikroorganismen benötigen zum Leben einen Wassergehalt von mindestens 10 Prozent, ausreichend

Nährstoffe und eine relativ warme Umgebungstemperatur. Durch Kühlen oder Einfrieren kann man das Wachstum der Mikroorganismen verlangsamen und sogar stoppen; die Keime werden aber durch tiefe Temperaturen nicht abgetötet. Bei Erwärmung wachsen sie und vermehren sich wie vorher.

Die Lebensmittel verderbenden Mikroorganismen lassen sich in drei Gruppen einteilen:

Fäulniserreger zersetzen Eiweißstoffe, wobei übel riechende Verbindungen freigesetzt werden und Giftstoffe entstehen, die zu Lebensmittelvergiftungen führen können. Das Wachstum dieser Bakterien wird durch saures Milieu gehemmt.

Gärungserreger spalten Kohlenhydrate (Stärke, Zucker), ohne übel riechende Stoffe zu erzeugen. Endprodukte können zum Beispiel Alkohol oder Essig sein. Eine Gärung geht normalerweise mit Gasentwicklung einher.

Schimmelpilze bilden auf der Oberfläche der Lebensmittel einen watteartigen, oft auffallend gefärbten Belag, das sogenannte Myzel. Schimmelpilze können hochgiftige Substanzen ausscheiden, die dann auch zu einer Nahrungsmittelvergiftung führen können.

Allen diesen Lebensmittelverderbern ist gemeinsam, dass sie durch bestimmte Behandlungsmethoden abgetötet werden bzw. dass sie unter gewissen Umständen nicht wachsen können. Diese Möglichkeit macht man sich bei den verschiedenen Konservierungsmethoden zunutze.

Im Folgenden werden einige dieser Konservierungsmethoden vorgestellt. Sie basieren sowohl auf physikalischen als auf chemischen Grundlagen.

Konservieren durch Erhitzen unter Zuckerzusatz

Die Abtötung von Mikroorganismen durch Erhitzen bezeichnet man als **Sterilisation**. Wird das Sterilisationsgut unter Luftabschluss aufbewahrt, können keine neuen Erreger eindringen und die im Nahrungsmittel noch enthaltenen Sporen können nicht auskeimen. Auf diesem Prinzip basiert die konservierende Wirkung des Einkochens. Ein bestimmter Säuregehalt und eine hohe Zuckerkonzentration unterstützen noch die haltbar machende Wirkung. Besonders beim Kochen von Konfitüren,

Die Zugabe von Zucker macht das Obst haltbar.

Fruchtaufstrichen und Gelees macht man sich diesen Effekt zunutze. Bei einem Zuckergehalt von mindestens 50 Prozent werden Mikroorganismen in ihrem Wachstum gehemmt.

Konservieren durch Zuckeraufnahme

Diese Konservierungsmethode wird als **Kandieren** bezeichnet und ist ausschließlich für Obst geeignet. Beim Kandieren wird der Fruchtsaft in einem relativ langwierigen Prozess gegen Zucker ausgetauscht. Die Früchte werden anschließend getrocknet. Der somit verminderte Wasser- und der extrem hohe Zuckergehalt verhindern das Wachstum von Mikroorganismen und sorgen für eine sehr lange Haltbarkeit. Anders verhält es sich beim sogenannten Glasieren. Glasierte Früchte werden nur mit Zucker überzogen und sollten möglichst bald verbraucht werden, da sie nicht so lange haltbar sind, denn die konservierende Wirkung des Zuckers reicht hier nicht aus.

Konservieren durch Alkohol

Das Einlegen von Früchten in Alkohol tötet die Mikroorganismen ab. Allerdings muss man darauf achten, dass man nur makellose Früchte verwendet und dass der Alkoholgehalt hoch genug ist, damit die konservierende Wirkung ausreicht.

Der klassische Rumtopf beispielsweise wird daher mit 54-prozentigem Rum angesetzt. Für andere Aufgesetzte muss man entsprechend hochprozentige Brände auswählen, die vom Aroma her möglichst zu den verwendeten Früchten passen sollten.

Konservieren durch Essig

Das Konservieren durch Säuerung beruht darauf, dass in dem sauren Milieu unter Luftabschluss die meisten Mikroorganismen nicht wachsen können. Es gibt aber auch einige säurefeste Keime. Um diese ebenfalls abzutöten, sollte man die gesäuerten Lebensmittel zusätzlich heiß übergießen oder sterilisieren (wie beim Süßsauer-Einlegen) oder kurz aufkochen (wie bei der Herstellung von Chutney). Angebrochene Gläser müssen möglichst bald verbraucht werden.

Vor dem Befüllen müssen die Gläser einwandfrei sauber sein.

Bei jeder Methode wichtig: Sauberkeit

Voraussetzung für die lange Haltbarkeit der konservierten Lebensmittel ist auch die Verwendung von sehr sauberen und möglichst keimfreien Gefäßen, in denen die Lebensmittel aufbewahrt werden sollen. Da Glas keine Fremdstoffe aufnimmt, geruchsneutral und gut zu reinigen ist, eignet es sich für diesen Zweck am besten.

Man reinigt die Gläser gründlich mit heißem Spülwasser, spült noch einmal klar mit heißem Wasser nach und lässt sie mit der Öffnung nach unten austropfen. Werden die Früchte nicht mehr zusammen mit den Gefäßen sterilisiert, zum Beispiel bei Konfitüren, Marmeladen oder Gelees, kann man die Gläser vorher im Backofen sterilisieren.

Damit keine neuen Mikroorganismen in die Gefäße eindringen können, müssen diese möglichst luftdicht verschlossen werden. Welche Möglichkeiten es dafür gibt, wird jeweils bei der Anleitung zu den unterschiedlichen Verarbeitungsmethoden beschrieben.

Die verschiedenen Fruchtaufstriche

Früher wurden die meisten Fruchtzubereitungen, die als Brotaufstrich genutzt werden, als **Marmelade** bezeichnet. Bis heute ist dieser Ausdruck im herkömmlichen Sprachgebrauch erhalten geblieben. Nach offizieller Definition des deutschen und des EU-Lebensmittelrechtes dürfen jedoch nur aus Zitrusfrüchten hergestellte Erzeugnisse Marmelade genannt werden. Alle anderen Fruchtzubereitungen werden als **Konfitüre, Gelee, Fruchtaufstrich** oder **Mus** bezeichnet.

Unter welcher Bezeichnung die einzelnen Erzeugnisse geführt werden, hängt einerseits von dem Frucht- bzw. Fruchtsaftanteil ab, andererseits auch von der Art und Menge des zugesetzten Zuckers und weiterer Zutaten wie Pektin oder Säure. Im Folgenden werden die Bezeichnungen und Namen der Rezepte immer entsprechend der aktuellen Bestimmungen ausgewählt.

Alle diese Fruchtzubereitungen sind gelierte Erzeugnisse aus Früchten und Fruchtsäften. Unter Zuckerzusatz werden die Rohstoffe so lange gekocht, bis genug Wasser verdampft ist und die Früchte bzw. der Saft zu gelieren beginnen.

Der Vorgang des Gelierens wird durch das in allen Früchten natürlich vorkommende Pektin bewirkt. Je mehr Pektin

eine Frucht enthält, desto besser geliert die Fruchtmasse. Der Pektingehalt hängt von der Fruchtart (siehe Tabelle) und von dem Reifezustand ab. Unreife Früchte enthalten mehr Pektin als reife Früchte derselben Art.

Pektingehalt verschiedener Obstarten			
Fruchtart	**Pektingehalt**		
	hoch	mittel	gering
Apfel	×		
Aprikose		×	
Berberitze	×		
Birne			×
Brombeere			×
Eberesche	×		
Erdbeere			×
Heidelbeere	×		
Himbeere		×	
Holunderbeere			×
Johannisbeere	×		
Kirsche			×
Kiwi			×
Mirabelle		×	
Pfirsich		×	
Pflaume		×	
Preiselbeere	×		
Quitte	×		
Reneklode		×	
Rhabarber			×
Sanddorn		×	
Stachelbeere		×	
Weintraube			×
Zitrusfrüchte	×		

Links: Marmelade, Konfitüre, Gelee, Mus oder Fruchtaufstrich – Hauptsache, es schmeckt!

Damit die Fruchtaufstriche ausreichend gelieren, kann man pektinarmen, aber auch allen anderen Früchten Gelierhilfen zusetzen. Das Pektin, das in den Gelierhilfen enthalten ist, wird aus Äpfeln, die zu den pektinreichsten Früchten gehören, gewonnen. Die Verwendung von Gelierhilfen verkürzt die Kochzeit und schont damit Aroma und Vitamine.

Konfitüren, Marmeladen und Gelees sind schmackhafte Brotaufstriche. Ebenso eignen sie sich zum Füllen von Kuchen und Torten oder zum Verfeinern von Desserts. Bei der Zusammenstellung der Rezepte sind der Fantasie keine Grenzen gesetzt. Man kann die verschiedensten Obstarten miteinander kombinieren und durch Zugabe unterschiedlicher Zutaten den Geschmack immer wieder aufs Neue verändern und verfeinern.

Fruchtmus

Fruchtmus wird jeweils nur aus einer Fruchtart zubereitet. Am bekanntesten ist das Pflaumenmus. Der Zuckergehalt ist relativ gering, dafür ist die Erhitzungszeit wesentlich länger als bei den anderen Methoden der Fruchtaufstrichzubereitung.

Konfitüre

Bei Konfitüren unterscheidet man die Konfitüre einfach von der Konfitüre extra. Beide können aus einer oder mehreren Fruchtarten bestehen. Die Konfitüre einfach muss einen Fruchtgehalt von mindestens 35 Prozent besitzen; die Früchte werden püriert oder als kleine Stücke verarbeitet. Die Konfitüre extra hat einen Fruchtgehalt von mindestens 45 Prozent. In diesem Aufstrich müssen

Die verschiedenen Aufstriche

Marmelade	Streichfähige Zubereitung aus dem Fruchtfleisch, dem Saft und/oder den Schalen von Zitrusfrüchten, Fruchtgehalt mindestens 20 Prozent
Konfitüre extra	Fruchtgehalt von mindestens 45 Prozent mit erkennbaren Fruchtstücken
Konfitüre einfach	Fruchtgehalt von mindestens 35 Prozent mit erkennbaren Fruchtstücken oder als Fruchtmark (püriert)
Gelee extra	Fruchtanteil 45 Prozent, aus Fruchtsaft, Fruchtkonzentrat oder einem wässrigen Auszug
Gelee einfach	Fruchtgehalt 35 Prozent, aus Fruchtsaft, Fruchtkonzentrat oder einem wässrigen Auszug
Fruchtaufstrich	Fruchtgehalt über 45 Prozent, alle Süßungsmittel erlaubt
Mus	Fruchtgehalt über 45 Prozent, nur aus einer Fruchtart, längere Erhitzungszeit

auf jeden Fall erkennbare Fruchtstücke erhalten sein.

Gelee

Gelee ist klar und wird aus dem Saft einer oder mehrerer Fruchtsorten hergestellt, wobei der Saft auf unterschiedliche Weise gewonnen werden kann. Auch hier unterscheidet man das Gelee extra mit einem Fruchtgehalt von 45 Prozent vom Gelee einfach mit einem Fruchtgehalt von 35 Prozent.

Fruchtaufstrich

Ist der Fruchtgehalt des Erzeugnisses höher als 45 Prozent, wird es als Fruchtaufstrich bezeichnet. Ein Fruchtaufstrich kann aus einer oder mehreren Fruchtarten bestehen.

Marmelade

Marmelade muss einen Fruchtgehalt von mindestens 20 Prozent besitzen. Es handelt sich um einen Fruchtaufstrich aus dem Fruchtfleisch, dem Saft und/oder den Schalen von Zitrusfrüchten, wobei das Erzeugnis aus ein oder mehreren Zitrusfruchtarten bestehen darf.

Obwohl bei Konfitüre und Gelee der Fruchtgehalt vorgeschrieben ist, gibt es abhängig von der Fruchtart Ausnahmen. Bei Erzeugnissen aus Schwarzen Johannisbeeren, Hagebutten, Quitten und Passionsfrüchten darf der Fruchtgehalt auch geringer sein, vermutlich aufgrund des äußerst intensiven Aromas und des geringeren Wassergehaltes im Vergleich zu anderen Früchten.

Welche Früchte eignen sich?

Grundsätzlich eignen sich alle vollreifen Früchte für die Herstellung von Fruchtaufstrichen. Die Früchte sollten möglichst frisch verarbeitet werden, das heißt noch am selben Tag, an dem sie geerntet oder gekauft wurden. Werden die Früchte zu lange gelagert, verlieren sie wertvolle Vitamine und Mineralstoffe und büßen einen Teil ihres Säure- und Aromagehaltes ein. Ist es nicht möglich, die Früchte unverzüglich zu verarbeiten, kann man sie gesäubert oder schon püriert, also vorbereitet für die weitere Verarbeitung, einfrieren. Später wird mit den aufgetauten Früchten genauso verfahren wie mit frischen.

Ernten sollte man am besten morgens und bei trockenem Wetter. Bei Regen gepflücktes Obst enthält zu viel Wasser und besitzt weniger Aroma. Die Früchte sollten einwandfrei sein. Schlechte Stellen müssen großzügig abgeschnitten werden. Überreife Früchte sollte man nicht verwenden, da sie weniger Aroma besitzen. Außerdem gelieren sie schlecht, weil das natürlich enthaltene Geliermittel Pektin in überreifen Früchten zum größten Teil abgebaut ist. Noch nicht ganz reife Früchte kann man bei der Geleeherstellung mitverarbeiten, da sie noch mehr Pektin enthalten als vollreife Früchte und daher den Geliervorgang fördern.

Wildbeeren

Um Rohstoffe zu bekommen, muss man nicht unbedingt einen eigenen Garten besitzen oder die Früchte kaufen. Ein Spaziergang durch Wald und Feld zeigt, was die Natur an wild wachsenden Beeren für uns bereithält.

Berberitzen findet man in Feldhecken und an Waldrändern. Die länglich ovalen, kleinen, scharlachroten Beeren erntet man im September und im Oktober. Sie eignen sich gut zur Kombination mit Kernobst. **Ebereschen** bringen die in Dolden angeordneten, kugeligen, orangeroten „Vogelbeeren" hervor. Diese Früchte sind reich an Vitamin C und werden deshalb in der industriellen Limonadenherstellung verwendet. Die Erntezeit erstreckt sich von August bis Oktober. Man kann aus Vogelbeeren Gelee herstellen oder den Saft anderer Konfitüren oder Gelees beimischen. Der leicht herb-bittere Geschmack der Früchte lässt nach, wenn man sie nach dem ersten Frost erntet.

Hagebutten sind Früchte der Heckenrose. Man erntet sie im September und im Oktober. Die sehr vitaminreichen Früchte werden entkernt und zu Konfitüre, Gelee oder Mus verarbeitet. **Heidelbeeren**, auch Blaubeeren genannt, kann man schon ab Juli ernten. Die blauen, leicht bereiften, kugeligen Beeren wachsen an niedrigen Sträuchern in Wäldern und Mooren. Der Saft dieser Früchte ist sehr intensiv rot gefärbt. Man kann Heidelbeeren zu Konfitüre oder Gelee verarbeiten. **Preiselbeeren** wachsen ähnlich wie Heidelbeeren in Wäldern und in Hochmooren. Die kugeligen, roten Beeren schmecken säuerlich und sind etwas mehlig. Sie werden im August geerntet und eignen sich

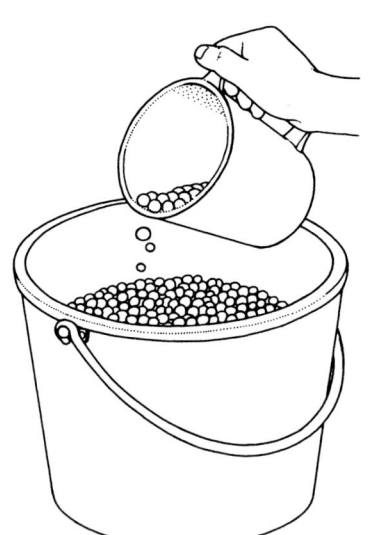
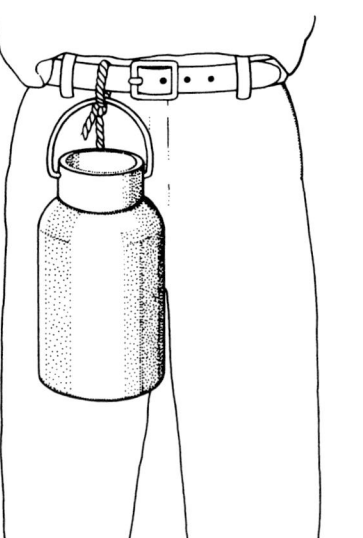

Beim Pflücken von Wildbeeren erleichtert es die Arbeit, wenn man eine Milchkanne oder ein anderes kleines Gefäß am Gürtel befestigt und die Beeren portionsweise in einen Sammeleimer schüttet.

Holunderbeeren und Vogelbeeren werden mit einer Gabel von den Dolden gestreift.

wegen des hohen Pektingehaltes gut zur Herstellung von Konfitüren und Fruchtaufstrichen. Bei einem Wildgericht dürfen sie als Beilage nicht fehlen.

Sanddorn wächst vorwiegend an der Küste, gelegentlich findet man ihn aber auch an Waldrändern. Die orangefarbenen Früchte haben einen säuerlich aromatischen Geschmack und enthalten sehr viel Vitamin C. Die Erntezeit ist im September und im Oktober. Sanddorn lässt sich gut zu Konfitüre verarbeiten.

Schlehen wachsen bevorzugt in Hecken. Die schwarzblauen, bereiften Früchte haben einen herb-sauren, adstringierenden („pelzigen") Geschmack. Sie sollen nach dem ersten Frost geerntet werden, da dann die adstringierenden Stoffe teilweise abgebaut sind. Das Einfrieren der früher geernteten Früchte erzielt nicht dieselbe Wirkung. Also erst spät ernten! Schlehen lassen sich zu Konfitüre und auch Gelee verarbeiten und ergeben außerdem einen hervorragenden Likör.

Schwarzer Holunder wächst in lichten Wäldern und an Weg- und Waldrändern. Die schwarzen, in Dolden angeordneten

Früchte können im August und im September geerntet werden. Der sehr vitaminreiche Saft ergibt ein schmackhaftes Gelee.

Einheimische Früchte

Wer das Glück hat, einen eigenen Garten zu besitzen, kann die Früchte genau zum richtigen Zeitpunkt der Vollreife ernten und sofort verarbeiten. Bei gekauften Früchten, die auch während der Erntesaison recht günstig angeboten werden, muss man darauf achten, dass sie nicht schon Schäden durch den Transport und eine zu lange Lagerung davongetragen haben. Hier gilt immer der Grundsatz: Nur einwandfreie Ware kaufen!

Jede einheimische Obstart lässt sich zu Konfitüre, Fruchtaufstrich oder Gelee verarbeiten. Aufgrund des unterschiedlichen Pektingehaltes, von dem die Gelierbarkeit abhängt, kann man die Früchte in drei Gruppen einteilen (siehe auch Tabelle Seite 13):

Pektinreiche Früchte. Dies sind zum Beispiel Äpfel, Quitten, Johannisbeeren und Preiselbeeren.

Weniger pektinhaltige Früchte. Dies sind Himbeeren, Brombeeren, Birnen und Steinfrüchte (zum Beispiel Pfirsiche).

Pektinarme Früchte. Dies sind Kirschen, Erdbeeren, Weintrauben und Rhabarber.

Einen direkten Einfluss auf die Gelierfähigkeit von Fruchtaufstrichen, Konfitüren und Gelees haben die verschiedenen Pektingehalte der Früchte nur, wenn man keine Gelierhilfen verwendet.

Kiwis lassen sich zu schmackhaften Konfitüren und Mehrfruchtaufstrichen verarbeiten.

Exotische Früchte

Wer einen Hauch von Exotik auf seinen Frühstückstisch bringen möchte, hat mittlerweile auch bei diesen Früchten eine recht große Auswahl.

Zitrusfrüchte sind eigentlich das ganze Jahr über bei uns erhältlich, stellen aber gerade in den Wintermonaten eine beliebte Vitaminquelle dar. Denkt man bei Zitrusfrüchten an Marmelade, fällt einem sofort die klassische englische, leicht bittere Orangenmarmelade ein. Aber auch aus Zitronen oder Grapefruits lassen sich schmackhafte Marmeladen herstellen.

Ananas, die in ihren Anbaugebieten rund ums Jahr geerntet werden, sind auch bei uns jederzeit erhältlich. Für die Weiterverarbeitung zu Konfitüre eignen sich aber ebenso Dosenfrüchte. Hier sollte man sich für die Produkte ohne Zuckerzusatz entscheiden.

Bananen besitzen kaum Eigenflüssigkeit und müssen daher immer mit anderem Fruchtsaft oder safthaltigen Früchten vermischt werden. Sie eignen sich also am besten für Mehrfruchtkonfitüren.

Kiwis haben in den letzten Jahren erfolgreich Einzug in unsere Obsttheken gehalten. Sie eignen sich sowohl zur Herstellung von Konfitüre als auch von Mehrfruchtaufstrich.

Andere exotische Früchte wie Mangos, Papayas, Kakis oder Guaven kann man auch ohne weiteres zu Konfitüren oder Gelees verarbeiten. Guavengelee zum Beispiel ist in Amerika sehr verbreitet. Allerdings ist die Verarbeitung dieser exotischen Früchte auch eine Preisfrage und daher in der Regel bei uns nur für kleinere Mengen zu empfehlen. Mangos und Papayas werden dagegen schon viel häufiger günstig und in guter Qualität bei uns angeboten als früher und sind daher für neue Rezeptideen besonders geeignet.

Benötigte Geräte

Für die Zubereitung von Marmelade, Konfitüre, Gelee oder Fruchtaufstrich benötigt man eine Reihe von Geräten, die aber mit wenigen Ausnahmen sowieso in den meisten Haushalten vorhanden sind. Selbstverständlich müssen alle Gegenstände vor Gebrauch sauber sein. Am besten ist es sogar, wenn die verwendeten Geräte und Gefäße ausschließlich für die Verarbeitung von Früchten benutzt werden.

Zum genauen Abmessen von Früchten und Zutaten benötigt man eine Küchenwaage und einen Messbecher. Das gewaschene Obst lässt man in einem Durchschlag aus Kunststoff oder Email abtropfen. Große, feste Früchte tupft man mit Küchenkrepp trocken. Zum Herausschneiden von schlechten Stellen und zum Zerschneiden von Kernobst benötigt man ein scharfes Messer. Zum Schälen der Früchte verwendet man am besten ein Schälmesser. Für die Verarbeitung von Kirschen und Pflaumen werden die Steine am einfachsten mit einem entsprechenden Entsteiner entfernt. Zum Pürieren der Früchte für die Konfitüren- und Marmeladenherstellung benötigt man je nach Fruchtart verschiedene Hilfsmittel. Weiche Beeren lassen sich gut mit einem Kartoffelstampfer (aus Edelstahl) zermusen. Kleine Mengen Obst kann man mit dem Pürierstab des Handmixers zerkleinern. Für größere Mengen eignet sich der Mixer-

Aufsatz der Küchenmaschine. Sehr harte Früchte kann man auch mit dem Fleischwolf zerkleinern. Um kleine Kerne oder Häutchen zurückzuhalten, werden manche Früchte durch ein Sieb passiert.

Die Geräte auf einen Blick

Küchenwaage
Messbecher
Durchschlag, großes Sieb
Messer, Schälmesser
Entsteiner
Kartoffelstampfer, Pürierstab
Mixer, Fleischwolf
Dampfentsafter
Mulltuch und Schüssel
Saftzentrifuge
Zitruspresse
Großer Kochtopf
Küchenwecker
Kochlöffel, Schaumlöffel
Suppenkelle
Einfülltrichter
Gläser mit Deckel
Etiketten

Will man Gelee bereiten, müssen die Früchte zunächst entsaftet werden. Je nach Pektingehalt des Obstes kommen dafür verschiedene Methoden infrage. Pektinreiche Früchte sollte man heiß entsaften, damit möglichst viel von dem zur Gelierung benötigten Pektin in den Saft übergeht. Hierfür kann man entweder einen Dampfentsafter verwenden oder man kocht die Früchte mit etwas Wasser auf und lässt den Saft durch ein Mulltuch in eine Plastikschüssel tropfen. Für die Entsaftung pektinarmer Früchte kann man eine elektrische Saftzentrifuge (Entsafter) verwenden.

Die verschiedenen Fruchtaufstriche werden für die Zubereitung in einem Edelstahl- oder Emailtopf gekocht. Kupfer- und Aluminiumtöpfe sind nicht geeignet, da das Metall mit verschiedenen Inhaltsstoffen der Früchte chemische Verbindungen eingeht und es daher zu geschmacklichen Veränderungen kommen kann. Der Topf sollte ausreichend groß sein, da er wegen der starken Schaumentwicklung des Kochgutes nur immer halb gefüllt sein darf. Ein weiter, niedriger Topf ist besser als ein schmaler, hoher, da bei einer großen Oberfläche der Wasseranteil der Früchte besser verdampft. Zur Einhaltung der richtigen Kochzeit benötigt man einen genau gehenden Küchenwecker. Umgerührt wird mit einem Kochlöffel aus Kunststoff. Holzlöffel sind nicht so gut geeignet, da sie die intensiven Farbstoffe der Früchte aufnehmen und sich schlecht reinigen lassen. Um den Schaum, der manchmal Schmutzstoffe aus den Früchten enthält, abschöpfen zu können, benötigt man einen Schaumlöffel aus Edelstahl. Eine kleine Suppenkelle aus Edelstahl ist am besten geeignet, um die heiße Masse in die Gläser zu füllen. Das Befüllen der Gläser wird sehr erleichtert durch einen Spezialtrichter mit ganz kurzem, weitem Hals, der auf jedes Glas passt und zum einen den Umfang angenehm erweitert und zum anderen verhindert, dass der Glasrand beim Einfüllen vertropft wird und nochmals gereinigt werden muss.

Zum Aufbewahren von Konfitüren und Gelees eignen sich alle Gläser, die man im Haushalt sammeln kann: kleine Einmachgläser mit Schnappverschluss und Gummiring oder Gläser mit Twist-off-Deckeln. Gläser mit Kunststoffdeckeln sind weniger gut geeignet, da der

Vor dem Abzupfen werden die Früchte gründlich gewaschen.

Verschluss nicht dicht genug ist, um das Eindringen von Keimen und das Entweichen von Flüssigkeit zu verhindern. Früher wurden auch häufig Gläser ohne Deckel verwendet, die dann mit Einmachcellophan und einem Gummiband oder einem Stück Schnur verschlossen wurden. Auch diese Methode schließt oft nicht dicht genug. Außerdem kann das Einmachcellophan schnell beschädigt werden. Daher sind Gläser mit dichten, stabilen Deckeln am besten geeignet. Die Gläser sollten höchstens 500 ml, wenn möglich aber weniger fassen, da kleine Gläser das Gelieren fördern. Für kräftige Mehrfruchtkonfitüren oder für

Preiselbeeren, die besonders gut gelieren, eignen sich auch die guten alten Salzglasurtöpfe. Mit Klebeetiketten werden die Gläser beschriftet.

Vorbereitung der Früchte

Zur Zubereitung von Marmeladen, Gelees und besonders Konfitüren eignen sich nur vollreife, makellose, frische Früchte. Will man Marmelade aus Zitrusfrüchten herstellen, deren Schale mitverarbeitet werden soll, darf man natürlich nur ungespritztes Obst verwenden.

21

Säubern und Auslesen

Zunächst werden die Früchte per Hand verlesen, wobei man die Stiele, Blätter und faulige oder angeschimmelte Früchte bzw. Fruchtstellen entfernt. Dann wäscht man sie in klarem, kaltem Wasser und lässt sie in einem Durchschlag abtropfen. Bis auf druckempfindliche Beeren kann man die Früchte anschließend mit Küchenkrepp trocknen. Himbeeren wäscht man nach Möglichkeit überhaupt nicht. Steinobst wird dann entsteint. Kernobst wird, wenn nötig, geschält, vom Kerngehäuse befreit und in Stücke geschnitten. Dabei werden noch vorhandene Schadstellen mit einem scharfen Messer großzügig abgeschnitten. Die so vorbereiteten Früchte werden schließlich gewogen, damit man die richtige Menge der benötigten Zutaten ermitteln kann.

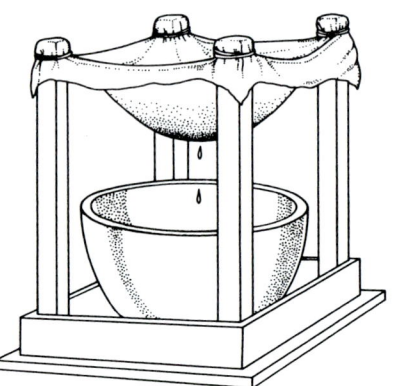

Eine alte, bewährte Methode zur Saftgewinnung

> Erdbeeren müssen **vor** dem Entfernen der Kelchblätter gewaschen bzw. abgespült werden, da sie sonst zu sehr verwässern und Aroma verlieren.

Zerkleinern

Spätestens bevor man die Früchte weiterverarbeitet, muss man sich überlegen, ob man Fruchtaufstrich, Konfitüre, Fruchtmus oder Gelee zubereiten möchte. Weiche Beeren wie Himbeeren, Brombeeren, Heidelbeeren oder Sanddorn lassen sich mit einem Kartoffelstampfer zermusen. Bequemer geht es natürlich mit dem Pürierstab des Handmixers oder mit dem Mixaufsatz der Küchenmaschine. Die Früchte werden so lange püriert, bis keine Stücke mehr in dem Mus enthalten sind. Bei harten Früchten empfiehlt sich eventuell die Zerkleinerung mit dem Fleischwolf.

Für die Herstellung von Konfitüre extra wird nur ein Teil der Früchte (etwa die Hälfte) püriert. Die restlichen Früchte werden ganz (bei Beeren und Kirschen) oder in Stückchen oder Scheiben geschnitten weiterverarbeitet.

Entsaften

Gelee wird nur aus Fruchtsaft hergestellt. Pektinreiche Früchte wie Johannisbeeren, Äpfel und Quitten werden nur heiß entsaftet, damit das zum Gelieren benötigte Pektin aus den Früchten gelöst wird und in den Saft übergeht. Zum Heiß-Entsaften kocht man 2 kg Früchte mit 1 Liter Wasser auf und schüttet den heißen Fruchtbrei auf ein Mulltuch, das über eine große Schüssel gespannt ist. Das Ablaufen des Saftes geht sehr langsam und sollte daher über Nacht erfolgen. Der Fruchtbrei darf in dem Mulltuch nicht gepresst werden, da sonst der Saft und somit auch das Gelee trüb werden würden. Nach dem Ablaufen des Saftes kann man die Fruchtreste eventuell unter Zusatz von etwa einem Drittel frischer Früchte noch zu Konfitüre verarbeiten.

Eine schnellere und bequemere Art der Saftgewinnung ist die Dampfentsaftung. Wichtig ist, dass während des Entsaftungsvorganges immer genügend Wasser im Dampfentsafter kocht, damit ausreichend Wasserdampf erzeugt wird.

Durch den heißen Wasserdampf platzen die Zellwände der Früchte und der klare Saft läuft ab. Die Fruchtreste lassen sich nicht weiterverwerten. Beim Dampfentsaften sollte man immer die für die verschiedenen Früchte angegebenen Entsaftungszeiten einhalten, da bei längerer Dampfentsaftung zu viel Wasser in den Saft gerät und das Gelee später schlecht geliert.

Weiche Früchte wie Erdbeeren, Himbeeren, Brombeeren oder Kirschen entsaftet man 20 bis 25 Minuten.
Mittelharte Früchte wie Aprikosen, Heidelbeeren, Johannisbeeren, Mirabellen, Pflaumen oder Stachelbeeren entsaftet man 30 bis 35 Minuten.
Harte Früchte wie Äpfel, Birnen oder Quitten entsaftet man 50 bis 60 Minuten.

Schnitt durch einen Dampfentsafter

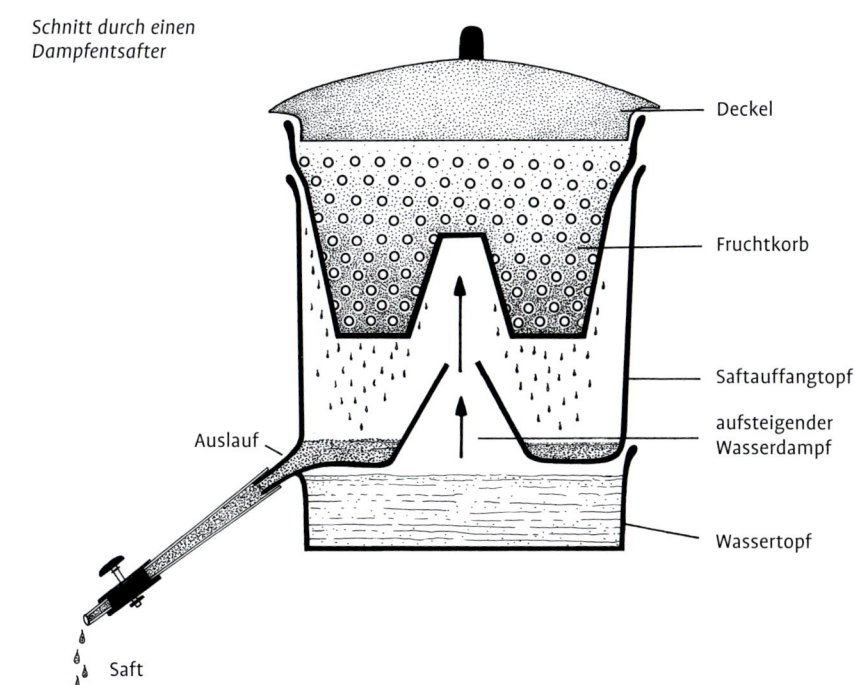

Deckel

Fruchtkorb

Saftauffangtopf

aufsteigender Wasserdampf

Auslauf

Wassertopf

Saft

Nach demselben Prinzip kann man Früchte auch im Schnellkochtopf entsaften. Hierbei ist auf die Gebrauchsanleitung für den Topf zu achten.

Obst, das nicht so viel Pektin enthält, kann sowohl heiß – wie oben beschrieben – als auch roh mit der elektrischen Saftzentrifuge entsaftet werden. Der Nachteil dieser Methode ist, dass man bei größeren Mengen die Siebscheiben des Entsafters zwischendurch öfter reinigen muss, um eine optimale Saftausbeute zu erzielen. Außerdem ist der Saft häufig trüb; er klärt sich, wenn man ihn einige Zeit ruhig stehen lässt, sodass sich die Trübstoffe absetzen können.

Die Mengenangaben der Früchte beziehen sich auf geschälte, entsteinte, entkernte, verlesene Früchte. Bei Marmeladen und Konfitüren sollten nicht mehr als 2 kg Früchte auf einmal verarbeitet werden, da sonst nicht genügend Wasser während der angegebenen Kochzeit verdampfen kann und die Gelierprobe misslingt. Außerdem kann es sein, dass ganze Früchte oder Fruchtstücke dann nicht genügend durchgekocht werden.

Die Zutaten und ihre Bedeutung

Für die Zubereitung der verschiedenen Fruchtaufstriche gibt es neben dem unentbehrlichen Zucker noch eine Reihe anderer Zutaten, die die Gelierfähigkeit und Haltbarkeit verbessern, sowie das Aroma und die Farbe erhalten.

Zucker

Zucker übernimmt mehrere wichtige Funktionen. Neben seiner süßenden Ei-

genschaft ist besonders seine konservierende Wirkung von Bedeutung. In Konzentrationen von mindestens 50 Prozent wirkt Zucker wachstumshemmend auf Mikroorganismen. Außerdem ist er für die Erhaltung von Farbe und Aroma verantwortlich und verhindert den zu schnellen Abbau von Vitaminen und Nährstoffen.

> Für das Einmachen ist Zucker das A und O. Er macht die frischen Früchte haltbar und sorgt für einen süßen Genuss das ganze Jahr hindurch. Farbe und Aroma der Früchte bleiben erhalten.

In der Lebensmittelindustrie dürfen bei der Zubereitung von Konfitüre, Gelee und Marmelade nur Weißzucker, Halbweißzucker, Invertzuckersirup und Traubenzucker verwendet werden. Alle Erzeugnisse, die einen höheren Fruchtanteil und dadurch einen geringeren Zuckeranteil aufweisen oder mit einem anderen Süßungsmittel wie beispielsweise Fruchtzucker, Rohrzucker (Brauner Zucker), Ahornsirup oder Honig gesüßt werden, tragen die Bezeichnung Fruchtaufstrich oder Fruchtmus. Durch den geringeren Zuckeranteil sind diese Produkte aber nicht ganz so haltbar wie die Erzeugnisse mit dem höheren Zuckergehalt und sollten nach dem Anbrechen im Kühlschrank aufbewahrt werden.

Wer seinen Brotaufstrich selbst herstellt, kann natürlich jedes beliebige Süßungsmittel verwenden und damit nach Geschmack verschiedene Varianten ausprobieren.

Im Handel findet man eine große Auswahl an Gelier- und Süßungsmitteln.

Gelierzucker 1:1

Gelierzucker ist Haushaltszucker, dem natürliches Pektin und Zitronensäure beigemischt wurden. Durch diese beiden Zusätze besitzt der Zucker eine gelierende Wirkung, sodass man ohne lange Kochzeiten problemlos Konfitüre, Gelee, Marmelade und andere Fruchtaufstriche herstellen kann. Außerdem bleiben Vitamine und Nährstoffe besser erhalten.

Gelierzucker extra 2:1 und 3:1

Gelierzucker extra ist für die Zubereitung kalorienärmererer und weniger süßer Fruchtaufstriche gedacht, da man nur halb so viel bzw. ein Drittel der Menge wie bei der Verwendung von herkömmlichem Gelierzucker benötigt. Diese Gelierzuckersorten eignen sich zur Herstellung besonders fruchtiger Brotaufstriche. Die Bezeichnungen 2:1 bzw. 3:1 bezieht sich auf das Verhältnis Frucht zu Zucker. Diese Erzeugnisse enthalten allerdings nicht die Menge Zucker, die zu einer dauerhaften Konservierung notwendig ist. Daher ist dem Gelierzucker extra der Konservierungsstoff Sorbinsäure zugesetzt. Will man also die eigenen Brotaufstriche möglichst ohne viele künstliche Zusätze zubereiten, sollte man auf die Verwendung von Gelierzucker extra verzichten. Wegen des geringeren Zuckergehaltes blei-

Schalen von unbehandelten Zitrusfrüchten verfeinern den Geschmack vieler Fruchtaufstriche.

ben auch die Farben der Früchte nicht ganz so gut erhalten wie bei Erzeugnissen mit einem Verhältnis Frucht zu Zucker von ungefähr 1:1.

Zuckeraustauschstoff

Wer besonders kalorienarme oder für Diabetiker geeignete Fruchtaufstriche herstellen möchte, kann speziellen Gelierzucker für Diabetiker verwenden. Dieser Gelier-Sionon besteht aus dem Zuckeraustauschstoff Sorbit und enthält Pektin und Zitronensäure. Die Verwendung erfolgt wie bei Gelierzucker. Auch diese Erzeugnisse dürfen nicht mehr als Konfitüre bezeichnet werden,

sondern heißen laut Lebensmittelverordnung ebenso Fruchtaufstrich.

Geliermittel

Kocht man die Fruchtaufstriche nur mit normalem Haushaltszucker, sollte man zusätzlich Geliermittel verwenden. Auf diese Weise verkürzt man die Kochzeit, spart damit auch Energie und schont die in den Früchten enthaltenen Vitamine, Nährstoffe und das Aroma. Man kann zwischen Gelierpulver und flüssigem Geliermittel wählen.
Gelierpulver, ein Gemisch aus Pektin, Zitronensäure und Traubenzucker, wird mit Zucker in die Fruchtmasse eingerührt.

Flüssiges Geliermittel enthält nur Pektin. Den Packungen liegt jeweils ein Päckchen mit pulverförmiger Zitronensäure bei. Die Kochzeit mit flüssigem Geliermittel ist sehr kurz, daher besonders nährstoffschonend.

Agar-Agar

Ein aus Meeresalgen gewonnenes Geliermittel ist das in Pulverform erhältliche Agar-Agar. Es wird in kaltem Saft angerührt und den gekochten Früchten oder Fruchtsäften zugesetzt. Das Ganze kocht man dann noch einmal auf. Die Gelierung kann einige Tage dauern; währenddessen sollte man die Gläser ruhig stehen lassen.

Zitronensäure

Zitronensäure in Form von Pulver, Kristallen oder als Zitronensaft wird besonders bei der Verarbeitung säurearmer Früchte zugefügt. Sie erhöht die Gelierfähigkeit und verbessert den Geschmack. Die Dosierung hängt von der Fruchtart und von der Konzentration der Zitronensäure (ob Pulver oder Saft) ab.

Geschmackverfeinernde Zutaten

Neben Zitronensäure lassen sich den verschiedenen Fruchtaufstrichen eine Reihe anderer Gewürze beimischen. Hierzu gehören Vanille, Zimt, Ingwer und Nelken. Auch in feine Streifen geschnittene Schale von unbehandelten Orangen oder Zitronen kann zur Verfeinerung beigemischt werden. Frische Kräuter, Blütenblätter oder zerkleinerte Nüsse verfeinern nicht nur das Aroma, sondern auch das Aussehen.

Häufig werden die Brotaufstriche auch mit „Schuss" zubereitet, das heißt mit Likören oder Bränden aromatisiert. Hierbei wählt man am besten Spirituosen, die zu den verarbeiteten Früchten geschmacklich passen. Sie werden erst nach Beendigung der Kochzeit eingerührt, da das Kochgut sonst stark aufwallt und das Aroma größtenteils verfliegt.

Backaromen wie Rum oder Bittermandel verleihen den Erzeugnissen ein anhaltendes Aroma. Auch mit Kräutern, Nussstückchen oder Blütenblättern lassen sich die Fruchtaufstriche und Gelees verfeinern. Die Auswahl der Zutaten ist reine Geschmackssache, wobei der eigenen Fantasie keine Grenzen gesetzt sind.

> Geschmacksverfeinernde Zutaten, die in den Grundrezepten nicht aufgeführt sind, sollten jeweils gegen Ende der Kochzeit (Alkohol erst nach Beendigung der Kochzeit) zugegeben werden.

Die Gelierprobe

Egal ob man ohne Geliermittel arbeitet oder einen normalen Gelierzucker verwendet, mit dem eine bestimmte Kochzeit empfohlen wird, sollte man vor dem Abfüllen eine Gelierprobe durchführen, um sicher zu gehen, dass die Masse nach dem Abkühlen geliert, also fest wird. Verwendet man Gelierzucker oder andere Geliermittel, muss man die angegebenen Kochzeiten – die Masse muss während dieser Zeit sprudelnd kochen – unbedingt einhalten. Kocht man

Mithilfe der Gelierprobe prüft man, ob die heiße Fruchtmasse in Gläser abgefüllt werden kann.

zu kurz, hat das Geliermittel noch nicht seine volle Wirkung entfaltet. Kocht man zu lange, kann das Geliermittel seine Wirkung verlieren.

Für die Gelierprobe nimmt man nach Beendigung der angegebenen Kochzeit den Topf von der Kochstelle, um die Gelierfähigkeit zu prüfen. Hierzu tropft man etwas von der heißen Flüssigkeit auf eine kalte Untertasse. Erstarrt die Masse nach dem Abkühlen und bildet sich kein Wasserrand mehr, kann abgefüllt werden.

Sollte die Gelierprobe noch nicht gelingen, kann man durch nochmaliges Aufkochen oder eventuell eine zusätzliche Zugabe von etwas Geliermittel die Gelierfähigkeit erhöhen. Eine erneute Probe gibt darüber Gewissheit.

Bereitet man den Fruchtaufstrich ohne Gelierhilfe zu, wird so lange gekocht, bis die Gelierprobe gelingt. Das kann – abhängig von der Fruchtart – bis zu mehreren Stunden dauern. Da hierdurch unnötig Energie verbraucht wird und auch die gesunden Inhaltsstoffe der Früchte weitgehend zerstört werden, ist diese Vorgehensweise grundsätzlich nicht zu empfehlen.

Abfüllung und Kennzeichnung

Die gekochten Fruchtaufstriche füllt man sofort nach der Zubereitung heiß in die dafür vorgesehenen Gläser. Die Gläser müssen zunächst sorgfältig mit heißem Wasser und Spülmittel gereinigt werden. Anschließend spült man sie noch einmal mit klarem, heißem Wasser aus und stellt sie zum Abtropfen umgekehrt auf ein sauberes Geschirrtuch. Man sollte sie auf keinen Fall abtrocknen, weil dadurch Stofffasern und mikrobielle Verunreinigungen hineingelangen können. Verwendet man Gefäße mit Schraub- oder Twist-off-Deckeln, werden diese Deckel ebenso gründlich mit heißem Wasser gereinigt und auf einem Geschirrtuch abgetropft. Erst kurz vor dem Einfüllen dreht man die Gläser um und stellt sie auf ein feuchtes Tuch, damit sie die Wärme besser ableiten können und beim Befüllen nicht platzen. Dann gibt man die heiße Masse in die Gläser.

> Um ein Eindringen schädlicher Mikroorganismen zusätzlich zu verhindern, kann man auf die Oberfläche des Kochgutes ein passend zurechtgeschnittenes Stück Einmachcellophan legen, das man zuvor in hochprozentigen Alkohol getaucht hat. Danach verschließt man die Gläser mit den vorgesehenen Deckeln.

Hat man eine Konfitüre mit Fruchtstücken oder ganzen Früchten zubereitet, stellt man das Glas zum Abkühlen auf den Kopf, damit sich die Früchte gut verteilen. Die Gläser müssen natürlich zuvor mit dem Deckel fest verschlossen sein.

Gelee sollte man in möglichst kleine Gläser abfüllen, da das die Gelierfähigkeit, die bei Gelee nicht so groß ist, fördert.

Nach dem Abkühlen versieht man die Gläser mit selbstklebenden Etiketten, die in Haushalts- oder Schreibwarengeschäften erhältlich sind. Auf den Schildchen sollten die Sorte und das Herstellungsdatum dokumentiert sein. Zur Verschönerung, zum Beispiel wenn man das Selbstgemachte verschenken will, kann man den Gläsern ein Häubchen aus bunten Stoffresten oder kleinen Deckchen geben, die mit einem Wollfaden oder einem Gummiband befestigt werden.

Lagerung

Da die meisten selbst gekochten Brotaufstriche nicht sofort verbraucht werden, muss man sie richtig lagern, damit eine möglichst lange Haltbarkeit ohne

Mit fertigen oder selbst verzierten Klebeetiketten werden die Gläser mit der Sorte beschriftet. Das Abfülldatum darf nicht fehlen!

Qualitätsverlust gewährleistet ist. Der Lagerraum sollte kühl und trocken sein. Die ideale Temperatur liegt zwischen 4 und 12 °C. Am besten geeignet sind Kellerräume oder eine kühle Speisekammer. Die Gläser sollten dunkel stehen, da Licht die Qualität und die Farbe beeinträchtigen kann. Eine zu feuchte Lagerung führt besonders bei mit Einmachcellophan verschlossenen Gläsern zu Schimmelbildung. Zu hohe Temperaturen verkürzen die Haltbarkeit.

Normalerweise lassen sich Konfitüren, Marmeladen und Gelees mindestens ein Jahr – richtige Lagerung vorausgesetzt – ohne Qualitätseinbuße aufbewahren. Angebrochene Gläser gehören in den Kühlschrank und sollten möglichst schnell aufgebraucht werden. Zur Entnahme aus den Gefäßen verwendet man selbstverständlich nur saubere Löffel, da durch eingeschleppte Verunreinigungen die Brotaufstriche schnell verderben können.

Zubereitung im Mikrowellengerät

Für die schnelle Herstellung kleinerer Mengen an Konfitüre, Marmelade oder Gelee eignet sich auch die Zubereitung im Mikrowellengerät.

Für die Auswahl und Vorbereitung der Zutaten und Früchte gilt dasselbe wie bei der herkömmlichen Zubereitungsmethode. Als Kochgefäß wählt man einen Glastopf. Da offen gegart wird, muss der Topf möglichst groß sein, um ein Herausspritzen weitgehend zu vermeiden.

500 g Früchte bzw. 0,5 l Fruchtsaft werden mit 500 g Gelierzucker vermischt. Dann gart man das Ganze offen

auf höchster Stufe 10 bis 15 Minuten. Zwischendurch rührt man drei- bis viermal um. Um festzustellen, ob die Garzeit genügt, muss man auf alle Fälle eine Gelierprobe (siehe Seite 27) machen. Wegen der unterschiedlichen Strahlleistungen der Mikrowellengeräte kann die benötigte Garzeit variieren. Gelingt die Gelierprobe noch nicht, gart man jeweils zwei Minuten weiter und wiederholt die Probe. Geliert die zubereitete Masse wie gewünscht, füllt man heiß in saubere Gläser ab und verschließt diese sofort. Für die Abfüllung gilt auch wieder dasselbe wie bei der herkömmlichen Methode. Liköre oder Brände werden nach Beendigung der Garzeit hinzugegeben und untergerührt. Dann füllt man sofort ab.

Will man eine geringere Menge an Fruchtaufstrichen zubereiten, verkürzt sich die Garzeit entsprechend. Verarbeitet man zum Beispiel nur 250 g Früchte, so benötigt man auch nur die halbe Garzeit.

Grundrezepte mit Gelierzucker

Fruchtaufstrich oder Konfitüre einfach

1 kg Früchte
1 kg Gelierzucker

Die Früchte waschen und abtropfen lassen oder abtrocknen. Anschließend zermusen und mit dem Gelierzucker vermischen. Unter Rühren zum Kochen bringen und während der auf der Packung angegebenen Kochzeit sprudelnd kochen lassen. Gelierprobe machen, entstandenen Schaum abheben und die Masse heiß abfüllen.

Mit Gelee lassen sich Süßspeisen wie Jogurt und Backwaren verfeinern.

Konfitüre extra

1 kg Früchte
1 kg Gelierzucker

Die Früchte waschen und abtropfen lassen oder abtrocknen. Die Hälfte der Früchte zermusen. Die andere Hälfte je nach Größe der Früchte ganz lassen oder in Stücke schneiden. Mit dem Gelierzucker vermischen und je nach Fruchtart bis zu 24 Stunden zugedeckt stehen lassen, damit die Früchte Saft ziehen können.

Die Masse unter Rühren zum Kochen bringen und während der auf der Packung angegebenen Kochzeit sprudelnd kochen lassen. Gelierprobe machen, entstandenen Schaum abheben und die Konfitüre heiß abfüllen. Die verschlossenen Gläser, sofern sie feste Deckel haben, auf dem Kopf stehend abkühlen lassen.

> Für alle Rezepte mit Gelierzucker gilt: Die Vorbereitung der Zutaten, der Kochvorgang und die Kochdauer unterscheiden sich bei den verschiedenen Gelierzuckersorten von Hersteller zu Hersteller. Bitte beachten Sie daher zusätzlich immer die Herstellerangaben auf der Gelierzuckerverpackung, um ein optimales Einmacherergebnis zu erzielen.

Gelee

1 l Fruchtsaft
1 kg Gelierzucker

Die Früchte entsaften. Obst mit hohem Pektingehalt auf jeden Fall heiß entsaften. Den kalten Saft mit dem Gelierzucker vermischen und unter Rühren aufkochen. Die auf der Packung angegebene Kochzeit sprudelnd kochen lassen. Gelierprobe machen und entstandenen Schaum abheben, damit das Gelee klar wird. In kleine Gläser heiß abfüllen.

> Anstatt Gelierzucker kann man bei diesen Rezepten auch die halbe Menge bzw. ein Drittel der Menge Gelierzucker extra (2:1 und 3:1) verwenden. Allerdings enthält Gelierzucker extra den Konservierungsstoff Sorbinsäure. Außerdem bleibt die Farbe der Früchte nicht so gut erhalten wie bei der Verarbeitung von normalem Gelierzucker.

Grundrezepte mit Gelierpulver

Fruchtaufstrich oder Konfitüre einfach

1 kg Früchte
1 kg Zucker
1 Beutel Gelierpulver, 20 g

Die Früchte waschen, abtropfen lassen oder abtrocknen und anschließend zermusen. Gelierpulver mit etwas Zucker vermischen und unter den Fruchtbrei rühren. Zum Kochen bringen, den restlichen Zucker unter Rühren hinzugeben und nochmals sprudelnd kochen lassen. Dabei die auf der Packung angegebenen Kochzeiten einhalten. Gelierprobe machen, entstandenen Schaum abheben und die Masse heiß abfüllen.

Konfitüre extra

1 kg Früchte
1 kg Zucker
1 Beutel Gelierpulver, 20 g

Die Früchte waschen und abtropfen lassen bzw. abtrocknen. Die Hälfte der Früchte zermusen. Die andere Hälfte je nach Größe der Früchte ganz lassen oder in Stücke schneiden. Gelierpulver mit etwas Zucker vermischen und unter die Fruchtmasse rühren. Zum Kochen bringen, den restlichen Zucker unter Rühren hinzugeben und nochmals sprudelnd kochen lassen. Dabei die auf der Packung angegebenen Kochzeiten einhalten. Gelierprobe machen, eventuell entstandenen Schaum abheben und die Konfitüre heiß abfüllen. Die mit festen Deckeln verschlossenen Gläsern auf dem Kopf stehend abkühlen lassen.

Gelee

0,5 l Fruchtsaft
500 g Zucker
1 Beutel Gelierpulver, 20 g

Die Früchte entsaften. Obst mit hohem Pektingehalt auf jeden Fall heiß entsaften. Den Saft mit dem Gelierpulver verrühren und zum Kochen bringen. Dann den Zucker zugeben und während der auf der Packung angegebenen Kochzeit sprudeln kochen lassen. Gelierprobe

Vor dem Abfüllen der Masse wird der Schaum an der Oberfläche abgeschöpft.

machen und entstandenen Schaum abheben, damit das Gelee klar wird. In kleine Gläser heiß abfüllen.

Grundrezepte mit flüssigem Geliermittel

Fruchtaufstrich oder Konfitüre einfach

1,5 bis 2 kg Früchte je nach Sorte (siehe Packungsbeilage des Geliermittels)
2 kg Zucker
½ Flasche flüssiges Geliermittel, 225 g
10 g Zitronensäure

Die Früchte waschen, abtropfen lassen oder abtrocknen und zermusen. Mit dem Zucker und der Zitronensäure vermischen und unter Rühren zum Kochen bringen. 10 Sekunden sprudelnd ko-

chen, Geliermittel dazugeben und nochmals kurz aufwallen lassen. Gelierprobe machen, entstandenen Schaum abheben und die Masse heiß abfüllen.

Konfitüre extra

1,5 bis 2 kg Früchte je nach Sorte (siehe Packungsbeilage des Geliermittels)
2 kg Zucker
½ Flasche flüssiges Geliermittel, 225 g
10 g Zitronensäure

Die Früchte waschen und abtropfen lassen oder abtrocknen. Die Hälfte der Früchte zermusen. Die andere Hälfte je nach Größe der Früchte ganz lassen oder in Stücke schneiden. Die Fruchtmasse mit dem Zucker und der Zitronensäure vermischen und unter Rühren zum Kochen bringen. 10 Minuten sprudelnd kochen, Geliermittel dazugeben und nochmals kurz aufwallen lassen. Gelierprobe machen, entstandenen Schaum abheben und die Konfitüre heiß abfüllen. Die mit festen Deckeln verschlossenen Gläser auf dem Kopf stehend abkühlen lassen.

Gelee

1,5 l Fruchtsaft
2 kg Zucker
½ Flasche flüssiges Geliermittel, 225 g
10 g Zitronensäure

Die Früchte heiß entsaften. Den Saft mit dem Zucker und der Zitronensäure mischen und unter Rühren zum Kochen bringen. 2 Minuten sprudelnd kochen, Geliermittel dazugeben und nochmals kurz aufwallen lassen. Gelierprobe machen und entstandenen Schaum abheben, damit das Gelee klar wird. Heiß in kleine Gläser füllen.

Grundrezept mit Agar-Agar

Bei der Verwendung von Agar-Agar kann man die Hälfte der Zuckermenge einsparen, was allerdings auch die Haltbarkeit verringert. Da der Geliervorgang mehrere Tage dauert und die Gelierfähigkeit von Gelees und Konfitüren mit Fruchtstücken schlechter ist, sollte man nach dieser Methode nur Konfitüre mit zermusten Früchten zubereiten.

Zutaten
1 kg Früchte
500 g Zucker
Saft von zwei Zitronen
2 EL Agar-Agar

Die Früchte waschen, abtropfen lassen oder abtrocknen und anschließend zermusen. Mit dem Zucker verrühren und 12 Stunden stehen lassen. Dann unter Rühren aufkochen und 5 Minuten sprudelnd kochen lassen. Agar-Agar im kalten Zitronensaft auflösen und in die heiße Masse einrühren. Nochmals kurz aufkochen und dann heiß in Gläser füllen. Die Gläser ruhig stehen lassen, bis die Konfitüre geliert ist.

Grundrezept ohne Gelierhilfe

Möchte man auf die Verwendung jeglicher Gelierhilfen verzichten, muss man die Konfitüren, Marmeladen und Gelees so lange kochen, bis so viel Wasser verdampft ist, dass das fruchteigene Pektin zum Gelieren ausreicht. Die Kochzeit hängt also vom Wasser- und Pektingehalt der Früchte ab. Da durch lange Kochzeiten wertvolle Vitamine und Nährstoffe verloren gehen, sollte man nur Früchte mit hohem Pektingehalt, die schnell gelieren, verarbeiten. Der Saft zur Geleebereitung sollte heiß gewonnen werden. Bei säurearmen Früchten setzt man noch Zitronensaft oder Zitronensäure zu.

Zutaten
1 kg Früchte oder 1 l Fruchtsaft
1 kg Zucker
Saft von 1 bis 2 Zitronen oder Zitronensäure

Die Früchte werden nach dem Waschen für die Weiterverarbeitung zu Konfitüre, Marmelade oder Gelee vorbereitet. Die Fruchtmasse oder der Saft wird mit dem Zucker und, bei Bedarf, mit dem Zitro-

Die heiße Fruchtmasse wird am besten mit einem Löffel in die sauberen Gläser gefüllt.

nensaft vermischt und unter Rühren aufgekocht. Man lässt so lange offen weiterkochen, bis die Gelierprobe gelingt. Je nach Pektingehalt kann das 15 Minuten bis mehrere Stunden dauern. Den entstehenden Schaum mehrmals abschöpfen. Danach heiß in Gläser füllen.

Roh gerührte Konfitüre

Man kann auch leckeren Fruchtaufstrich ohne Kochen zubereiten. Das Aroma und der Vitamingehalt von roh gerührten Konfitüren bleibt wesentlich besser erhalten als bei gekochten. Allerdings ist die Haltbarkeit nicht groß, sodass solche Konfitüren nur zum baldigen Verzehr gedacht sind. Nach der Zubereitung werden sie im Kühlschrank aufbewahrt. Man sollte sie nicht länger als drei Monate aufheben. Wer sich einen größeren Vorrat anlegen möchte, friert den Fruchtaufstrich am besten in kleinen Portionen ein.

Für die Herstellung von Kaltkonfitüren verwendet man nur qualitativ hochwertiges Obst. Damit sich der Zucker mit der Fruchtmasse gut verbindet, sollten nicht mehr als 500 g Obst auf einmal verarbeitet werden. Abgefüllt wird nur in Gläser mit Deckelverschluss, um das Eindringen von Mikroorganismen und damit ein Verderben zu vermeiden. Damit die Farbe der Früchte erhalten bleibt, verwendet man anstatt normalem Zucker Gelierzucker.

Grundrezept

500 g Früchte
500 g Gelierzucker

Die Früchte waschen und abtrocknen. Im Mixer pürieren und nach und nach den Gelierzucker dazugeben. So lange weiterrühren, bis sich der Zucker aufgelöst hat. Dann die Masse mindestens fünf Minuten ruhen lassen, damit die Luftbläschen entweichen können. Anschließend in kleine, saubere, heiß ausgespülte Gläser einfüllen. Vor dem Verschließen mit dem Deckel zur besseren Haltbarkeit einige Tropfen hochprozentigen Alkohol auf die Oberfläche geben. Im Kühlschrank aufbewahren und möglichst rasch verzehren.

Rezepte für gekochte Fruchtaufstriche

Die hier aufgeführten Rezepte beziehen sich mit wenigen Ausnahmen alle auf die Zubereitung mit Gelierzucker. Bei der Zubereitung mit anderen Gelierhilfen orientieren Sie sich an den Grundrezepten (Seite 32–35).

Die benötigte Kochzeit ist den jeweiligen Packungsbeilagen zu entnehmen.

Wer kalorienarme oder für Diabetiker geeignete Konfitüren, Marmeladen oder Gelees zubereiten möchte, verwendet anstatt Gelierzucker den Austauschstoff Gelier-Sionon. Auch hierbei sind die Angaben auf der Packung zu beachten.

Wer auf jegliche Gelierhilfen verzichten möchte, ersetzt in den Rezepten einfach den Gelierzucker durch normalen Haushaltszucker. Die Kochzeit hängt dann vom Pektingehalt der Früchte ab.

Diese Methode empfiehlt sich aber nur bei sehr pektinreichen Früchten, da sonst eine sehr lange Kochzeit erforderlich ist.

In den folgenden Rezepten sind die Mengen grundsätzlich für den Gelierzucker 1:1 angegeben. Je nach Geschmack können Sie natürlich auch Gelierzucker 2:1 und 3:1 verwenden. Denn verringert sich die benötigte Menge entsprechend auf die Hälfte bzw. ein Drittel der angegebenen Zuckermenge.

Ananaskonfitüre

1 frische Ananas
Saft einer Zitrone
500 g Gelierzucker

Die Ananas schälen, vierteln und den holzigen Kern entfernen. Die Hälfte des Fruchtfleisches pürieren, die andere Hälfte in kleine Stücke schneiden. Das Fruchtfleisch mit der gleichen Menge Gelierzucker und dem Zitronensaft vermischen und zwei Stunden ziehen lassen. Die Masse unter Rühren aufkochen und während der angegebenen Kochzeit sprudelnd kochen lassen. Gelierprobe machen und heiß in Gläser füllen. Die Gläser sofort verschließen und auf dem Kopf stehend abkühlen lassen.

Apfel-Quitten-Gelee

1 l Saft von Äpfeln und Quitten
1 kg Gelierzucker
einige Pfefferminzblätter

Äpfel und Quitten waschen und von Blüten und Stielen befreien. In Stücke schneiden und heiß entsaften. Den abgekühlten Saft mit dem Gelierzucker

Aprikosenkonfitüre

vermischen und unter Rühren aufkochen.

Während der angegebenen Kochzeit sprudelnd kochen lassen und dann Gelierprobe machen. Die klein geschnittenen Pfefferminzblätter in das fertige Gelee einrühren. In kleine Gläser füllen und sofort verschließen.

> **Tipp**
> Nach diesem Rezept kann man auch reines Apfel- und reines Quittengelee zubereiten.

Aprikosenkonfitüre

1,2 kg entsteinte Aprikosen
1 kg Gelierzucker
Saft einer Zitrone
4 EL Apricot Brandy

Die Aprikosen gründlich waschen und abtrocknen. Dann die Früchte halbieren und die Steine entfernen. Die Hälfte der Früchte im Mixer pürieren, die andere Hälfte in kleine Stückchen schneiden. Die ganze Masse mit dem Gelierzucker vermischen und zugedeckt mindestens drei Stunden ziehen lassen. Die Masse

Beerenkonfitüre mit karamellisierten Walnüssen

mit dem Zitronensaft unter Rühren aufkochen und während der angegebenen Kochzeit sprudelnd kochen lassen. Gelierprobe machen und nach Geschmack vor dem Abfüllen etwas Apricot Brandy unterrühren. Anschließend abfüllen, sofort die Gläser verschließen und auf dem Kopf stehend abkühlen lassen.

Variante
Sie können die Aprikosenkonfitüre noch mit Zitronenmelisse verfeinern und dafür den Brandy weglassen. Die feingehackten Blätter der Zitronenmelisse werden kurz vor Ende der Kochzeit eingerührt.

Bananen-Kiwi-Konfitüre

2 Bananen
4 Kiwis
Saft einer Zitrone
500 g Gelierzucker

Die Bananen schälen und in Scheiben schneiden. Die Kiwis halbieren und das Fruchtfleisch mit einem Löffel herausnehmen. Die Fruchtstücke mit dem Pürierstab zermusen, sodass noch einige Stückchen darin enthalten sind. Die Masse mit dem Zitronensaft und dem Gelierzucker vermischen und unter Rühren aufkochen. Während der angegebenen Kochzeit sprudelnd kochen lassen und Gelierprobe machen. Heiß in Gläser füllen und sofort verschließen.

Beerenkonfitüre mit karamellisierten Walnüssen

500 g Himbeeren
500 g Brombeeren
Saft von einer Zitrone
1 kg Gelierzucker
75 g Walnusskerne
75 g Zucker
Öl zum Karamellisieren für das Blech

Zunächst die Walnüsse hacken und in einer Pfanne ohne Fett hell anrösten. Zucker darüber streuen und unter Wenden hellbraun karamellisieren. Den Krokant auf ein geöltes Blech geben, abkühlen lassen und anschließend zerbrechen.

Die Beeren verlesen und nur wenn nötig waschen. Mit Zitronensaft und Gelierzucker in einem Topf vermischen und unter Rühren zum Kochen bringen. Nach der angegebenen Kochzeit sprudelnd kochen lassen und dann Gelierprobe machen. Zum Schluss den Walnusskrokant unterrühren, heiß in Gläser füllen und sofort verschließen.

Berberitzenkonfitüre

1,5 kg Berberitzen
1 kg Gelierzucker
500 ml Wasser

Die Beeren im Wasser weich kochen und anschließend durch ein Sieb streichen. Das Mus mit dem Gelierzucker vermischen, unter Rühren aufkochen und die angegebene Kochzeit sprudelnd kochen lassen. Gelierprobe machen, heiß in Gläser füllen und sofort verschließen.

Berberitzen-Apfel-Gelee

500 g Berberitzen
500 g Äpfel
500 g Gelierzucker

Die Berberitzen und die Äpfel heiß entsaften. Den abgekühlten Saft mit dem Gelierzucker mischen und während der angegebenen Kochzeit sprudelnd kochen lassen. Gelierprobe machen, heiß in kleine Gläser füllen und sofort verschließen.

Birnenkonfitüre

1 kg Williams Christ Birnen
1 kg Gelierzucker
4 EL Birnengeist

Die Birnen sollten noch fest, aber nicht mehr hart sein. Früchte schälen und Kerngehäuse entfernen. Im Mixer pürieren und die Masse mit dem Gelierzucker vermischen. Unter Rühren aufkochen, während der angegebenen Kochzeit sprudelnd kochen lassen und Gelierprobe machen. Dann den Birnengeist unterrühren, die heiße Masse in Gläser füllen und sofort verschließen.

Birnenkonfitüre mit Maracujasaft

500 g Birnen
500 ml Maracujasaft (gekauft)
1 kg Gelierzucker

Die Birnen schälen, das Kerngehäuse entfernen und das Fruchtfleisch in kleine Stücke schneiden. Mit dem Gelierzucker und dem Maracujasaft vermischen und zugedeckt mindestens zwölf Stunden durchziehen lassen. Die Masse unter Rühren aufkochen, während der angegebenen Kochzeit sprudelnd kochen lassen und Gelierprobe machen. Heiß abfüllen und die Gläser sofort verschließen.

Blaubeer-Apfel-Konfitüre

500 g Blaubeeren (Heidelbeeren)
600 g säuerliche Äpfel
1 kg Gelierzucker
Saft einer Zitrone
1 TL Zimt
3 EL Rum

Die Heidelbeeren verlesen, waschen und abtropfen lassen. Die Äpfel schälen, entkernen und in kleine Stücke schneiden. Heidelbeeren und Apfelstücke mit dem Gelierzucker vermischen und über Nacht stehen lassen. Am nächsten Morgen den Zitronensaft und den Zimt einrühren. Die Masse unter Rühren aufkochen, während der angegebenen Kochzeit sprudelnd kochen lassen und Gelierprobe machen. Zum Schluss den Rum einrühren, die Konfitüre abfüllen und die Gläser sofort verschließen.

Blutorangengelee

1 kg Blutorangen
1 Grapefruit
2 Zitronen
1 kg Gelierzucker

Alle Früchte auspressen und den Saft mit dem Gelierzucker vermischen. Unter Rühren aufkochen und während der angegebenen Kochzeit sprudelnd kochen lassen. Gelierprobe machen, heiß in kleine Gläser füllen und sofort verschließen.

Blaubeer-Apfel-Konfitüre

Brombeergelee mit Grappa

500 ml Brombeersaft aus etwa
1 kg Brombeeren
500 g Gelierzucker
2 EL Grappa

Die Brombeeren verlesen und heiß entsaften. Den Saft mit dem Gelierzucker
vermischen und unter Rühren aufkochen. Während der angegebenen Kochzeit sprudelnd kochen lassen und anschließend Gelierprobe machen. Nach
Beendigung der Kochzeit den Grappa
unterrühren, in kleine Gläser füllen und
sofort verschließen.

Brombeer-Pflaumen-Gelee

1 kg Brombeeren
1 kg Pflaumen
900 g Gelierzucker

Die Brombeeren verlesen und in den
Dampfentsafter füllen. Die Pflaumen
waschen, entsteinen und ebenfalls in
den Dampfentsafter füllen. Es sollte ungefähr 1 l Saft ergeben. Den Saft mit
dem Gelierzucker vermischen und unter
Rühren aufkochen. Während der angegebenen Kochzeit sprudelnd kochen lassen und anschließend Gelierprobe machen. Heiß abfüllen und die Gläser sofort verschließen.

Dörrobstkonfitüre

250 g getrocknete Früchte
250 ml frischer Fruchtsaft
500 g Gelierzucker

Die Trockenfrüchte 20 bis 30 Minuten in Wasser quellen lassen. Dann abtropfen lassen und im Mixer fein zerkleinern. Mit dem Saft und dem Gelierzucker unter Rühren aufkochen. Während der angegebenen Kochzeit sprudelnd kochen lassen. Gelierprobe machen, heiß abfüllen und sofort verschließen.

Eierpflaumenkonfitüre

1,5 kg rote Eierpflaumen
200 ml Wasser
1 kg Gelierzucker

Die Früchte waschen und abtrocknen. Dann halbieren und den Stein entfernen. Die Pflaumen mit dem Wasser aufkochen und anschließend durch ein Sieb passieren. Das Mus mit dem Gelierzucker vermischen und aufkochen. Während der angegebenen Kochzeit sprudelnd kochen lassen und dann Gelierprobe machen. Heiß in Gläser füllen und sofort verschließen.

Erdbeergelee mit Holunderblüten

1 kg Erdbeeren
200 ml Wasser
24 Holunderblütendolden
Saft von 1 Zitrone
1 kg Gelierzucker

Die Erdbeeren waschen und abtrocknen und danach von den Kelchblättern befreien. Mit 200 ml Wasser einmal aufko-

chen. Anschließend ein Sieb mit einem Mulltuch auslegen, die Erdbeeren darauf geben und abtropfen lassen. Zum Schluss auspressen. 750 ml Saft (eventuell mit etwas Wasser auffüllen) abmessen. 20 Holunderblütendolden verlesen und – falls nötig – nur kurz abspülen. Zum Erdbeersaft geben und zugedeckt 24 Stunden kühl stellen. Die übrigen Dolden verlesen. Den Saft durch ein Sieb in einen großen Topf füllen. Zitronensaft und Gelierzucker hinzugeben und unter Rühren zum Kochen bringen. Die angegebene Kochzeit sprudelnd kochen lassen. Gelierprobe machen und anschließend das Gelee heiß in Gläser füllen. In jedes Glas ein frisches Stück Holunderblütendolde geben und dann fest verschließen.

> **Tipp**
> Holunder blüht nur in wenigen Wochen im Mai und Juni. Außerhalb dieser Zeit kann man dieses Gelee auch mit anderen essbaren Blüten wie Lavendel verfeinern. Alternativ kann man auch 50 ml Holunderblütensirup hinzugeben.

Erdbeerkonfitüre

1 kg Erdbeeren
1 kg Gelierzucker

Die Erdbeeren waschen und abtrocknen und danach von den Kelchblättern befreien. In Stücke schneiden und mit dem Gelierzucker vermischen. Zugedeckt einige Stunden ziehen lassen. Dann die Masse unter Rühren aufkochen und während der angegebenen

Erdbeergelee mit Holunderblüten

Kochzeit sprudelnd kochen lassen. Gelierprobe machen, heiß in Gläser füllen und sofort verschließen.

Variante

Wer es etwas pikanter mag, kann gegen Ende der Kochzeit noch rote, eingelegte Pfefferkörner in die Konfitüre einrühren.

Erdbeer-Rhabarber-Konfitüre

500 g Erdbeeren
500 g Rhabarber
1 kg Gelierzucker
4 EL Rum

Die Erdbeeren waschen, verlesen, abtrocknen, von den Kelchblättern befreien und zerdrücken, aber nicht vollständig zermusen. Den Rhabarber waschen und abtrocknen. Die äußeren Fasern

43

Linke Seite: Erdbeer-Rhabarber-Konfitüre

entfernen und die Stängel anschließend in 1 cm lange Stücke schneiden. Die zerdrückten Erdbeeren, die Rhabarberstücke und den Gelierzucker miteinander vermischen und 1 Stunde ziehen lassen. Dann die Masse unter Rühren aufkochen. Während der angegebenen Kochzeit sprudelnd kochen lassen und Gelierprobe machen. Zum Schluss den Rum unterrühren, anschließend die heiße Masse in Gläser füllen und sofort verschließen.

Granatapfelgelee

500 ml Granatapfelsaft von etwa 6 bis 7 Früchten
500 g Gelierzucker
Saft einer Zitrone

Die Granatäpfel so lange auf einer harten Fläche mit Druck hin und her rollen, bis im Fruchtinnern deutliche Knackgeräusche zu hören sind. Dann ein Loch in die lederartige Schale schneiden und den Saft herauspressen. Den Granatapfelsaft mit dem Zitronensaft und dem Gelierzucker mischen, aufkochen und während der angegebenen Kochzeit sprudelnd kochen lassen. Gelierprobe machen. Heiß in kleine Gläser füllen und sofort verschließen.

Variante

Wer diesem Gelee eine extravagante Note verleihen möchte, kann vor dem Abfüllen noch einige der edlen, in Blättchen geschnittenen Macadamianüsse einrühren.

Grapefruit-Orangen-Zitronen-Marmelade

1 kg Orangen
500 g Grapefruit
Saft von zwei Zitronen
1 kg Gelierzucker
2 EL Cointreau

Die Orangen und Grapefruits schälen. Das weiße Fleisch, grobe Häute und Kerne entfernen. Danach sollten 600 g Orangen- und 300 g Grapefruitfruchtfleisch zur Verarbeitung verbleiben. Das Fruchtfleisch mit dem Mixer pürieren und mit dem Zitronensaft verrühren. Mit dem Gelierzucker vermischen und unter Rühren aufkochen. Während der angegebenen Kochzeit sprudelnd kochen lassen, dann Gelierprobe machen. Nach Geschmack einen Schuss Cointreau unterrühren. Anschließend heiß in Gläser füllen und sofort verschließen.

Hagebuttenmus

1 kg Hagebutten
500 ml Wasser
500 g Gelierzucker
Saft einer Zitrone

Hagebutten entstielen und gründlich waschen. Über Nacht mit Wasser bedeckt einweichen. Dann mit 500 ml Wasser in etwa 20 Minuten weich kochen. Die Früchte durch ein Sieb passieren und den Fruchtbrei mit der gleichen Menge Gelierzucker und dem Zitronensaft vermischen. Unter Rühren aufkochen und während der angegebenen Kochzeit sprudelnd kochen lassen. Gelierprobe machen, heiß in Gläser füllen und sofort verschließen.

Himbeerkonfitüre

Variante
Hagebuttenmus roh aus Mark
In manchen Gegenden, beispielsweise in Bayern und Württemberg wird in den Spätherbstmonaten rohes Hagebuttenmark auf Märkten angeboten. Damit erspart man sich die mühsame Zubereitung der Fruchtmasse.
Das Mark mit der gleichen Menge Haushaltszucker, also 1 kg Mark und 1 kg Zucker, vermischen, unter Rühren aufkochen und etwa 2 Minuten vorsichtig kochen – die Masse spritzt und brennt leicht an. Das Mus wird auch ohne Geliermittel ausreichend fest.

Heidelbeerkonfitüre

1 kg Heidelbeeren
1 kg Gelierzucker
Saft einer Zitrone

Die Heidelbeeren waschen und abtropfen lassen. Die Hälfte mit einem Kartoffelstampfer zerdrücken. Die Masse mit den restlichen Heidelbeeren und dem Gelierzucker vermischen und sechs Stunden ziehen lassen. Das Ganze mit dem Zitronensaft unter Rühren aufkochen und während der angegebenen Kochzeit sprudelnd kochen lassen. Gelierprobe machen, heiß in Gläser füllen und sofort verschließen.

Himbeerkonfitüre

1 kg Himbeeren
1 kg Gelierzucker
Saft einer Zitrone
2 EL Himbeergeist

Die Himbeeren, wenn nötig, waschen und vorsichtig trocken tupfen. Dann mit dem Gelierzucker vermischen und 24 Stunden zugedeckt stehen lassen. Zusammen mit dem Zitronensaft unter Rühren zum Kochen bringen und während der angegebenen Kochzeit sprudelnd kochen lassen. Gelierprobe machen und nach Beendigung der Kochzeit den Himbeergeist unterrühren. In Gläser füllen und sofort verschließen.

> **Tipp**
> Nach diesem Rezept kann man ebenso Brombeerkonfitüre zubereiten.

Himbeer-Brombeer-Konfitüre

500 g Himbeeren
500 g Brombeeren
1 kg Gelierzucker
Saft einer Zitrone

Früchte verlesen, waschen und vorsichtig trocken tupfen. Mit dem Mixer pürieren und das Mus mit dem Gelierzucker vermischen. Dann den Zitronensaft hinzugeben, das Ganze unter Rühren zum Kochen bringen und während der angegebenen Kochzeit sprudelnd kochen lassen. Gelierprobe machen, in Gläser füllen und sofort verschließen.

> **Tipp**
> Wenn die kleinen Kerne in der Konfitüre stören, streicht man den Fruchtbrei vor der Weiterverarbeitung durch ein Sieb.

Holunderbeergelee mit Calvados

700 ml Holunderbeersaft aus etwa 1 kg Beeren
300 ml Apfelsaft aus etwa 500 g Äpfeln
1 kg Gelierzucker
Saft einer Zitrone
5 EL Calvados

Die Holunderbeeren und die Äpfel getrennt heiß entsaften. Von dem abgekühlten Saft die entsprechende Menge abmessen, mit Gelierzucker und Zitronensaft vermischen und unter Rühren aufkochen. Während der angegebenen Kochzeit sprudelnd kochen lassen und Gelierprobe machen. Den Calvados nach Beendigung der Kochzeit unterrühren, das heiße Gelee in kleine Gläser füllen und sofort verschließen.

Holunder-Pflaumen-Konfitüre

500 g Holunderbeeren
500 g entsteinte Pflaumen
1 kg Gelierzucker
Saft einer Zitrone

Die Holunderbeeren waschen und abtropfen lassen. Die Pflaumen waschen, abtropfen lassen und entsteinen. Die Früchte zusammen im Mixer der Küchenmaschine pürieren. Mit dem Zitronensaft und dem Gelierzucker vermischen, unter Rühren aufkochen und während der angegebenen Kochzeit sprudelnd kochen lassen. Gelierprobe machen, heiß in vorbereitete Gläser füllen und sofort verschließen.

Johannisbeergelee

500 ml Saft aus Roten oder Weißen Johannisbeeren oder gemischt, aus beiden Sorten
500 ml Saft aus Schwarzen Johannisbeeren
1 kg Gelierzucker

Die Johannisbeeren waschen und heiß entsaften. Den abgekühlten Saft mit dem Gelierzucker vermischen und unter Rühren aufkochen. Während der angegebenen Kochzeit sprudelnd kochen lassen und dann die Gelierprobe machen. Anschließend heiß in kleine Gläser füllen und sofort verschließen.

Variante
Bereitet man Gelee ausschließlich aus Schwarzen Johannisbeeren zu, ist es in Geschmack und Farbe intensiver. Gelee aus Schwarzen Johannisbeeren geliert auch stärker als das aus Roten oder Weißen.

Johannisbeerkonfitüre mit Mandelblättchen

1 kg Rote Johannisbeeren
1 kg Gelierzucker
50 g Mandelblättchen

Die Johannisbeeren waschen und abtropfen lassen. Die Hälfte der Früchte mit dem Pürierstab zermusen. Das Püree mit den ganzen Früchten und dem Gelierzucker vermischen und zugedeckt zwei Stunden stehen lassen. Die Masse unter Rühren aufkochen, während der angegebenen Kochzeit sprudelnd kochen lassen und Gelierprobe machen. Die Mandelblättchen einrühren und die Konfitüre sofort in vorbereitete Gläser füllen und verschließen. Auf dem Kopf stehend abkühlen lassen.

Variante
Nach diesem Rezept kann man auch Brombeerkonfitüre zubereiten. Die Mandelblättchen kann man durch zerkleinerte Walnusskerne ersetzen.

Johannisbeer-Rotwein-Gelee

1 kg Rote Johannisbeeren
500 g Schwarze Johannisbeeren
250 ml Wasser
200 g Zucker
1 TL Zimt
200 ml Rotwein
1 kg Gelierzucker
Saft von einer Zitrone

Die Johannisbeeren waschen und mit Wasser, Zucker und Zimt kochen, bis die Früchte aufplatzen. Den Saft durch ein Tuch ablaufen lassen. 1 l Saft mit dem Rotwein und 1 kg Gelierzucker mischen und unter Rühren aufkochen. Während der angegebenen Kochzeit sprudelnd kochen lassen und Gelierprobe machen. Heiß in kleine Gläser füllen und sofort verschließen.

Rechte Seite: Johannisbeergelee

Kirschkonfitüre

1 kg Süß- oder Sauerkirschen
1 kg Gelierzucker
Saft von zwei Zitronen für Konfitüre aus Süßkirschen

Die Kirschen waschen, vorsichtig abtrocknen und entsteinen. Mit dem Gelierzucker vermischen und 24 Stunden zugedeckt ziehen lassen. Die Masse mit dem Zitronensaft unter Rühren aufkochen und während der angegebenen Kochzeit sprudelnd kochen lassen. Gelierprobe machen, heiß in Gläser füllen und sofort verschließen. Auf dem Kopf stehend abkühlen lassen.

> **Variante**
> Bei der Verwendung von Süßkirschen lässt sich das Rezept noch mit Mandelblättchen und Rum verfeinern.
> Gegen Ende der Kochzeit werden die Mandelblättchen (etwa 50 g) und 4 Esslöffel brauner Rum untergemischt.

Kiwikonfitüre mit Kiwilikör

8 Kiwis
500 g Gelierzucker
Saft einer Zitrone
1 Schnapsglas Kiwilikör

Die Kiwis schälen und in Scheiben schneiden. Mit einem Pürierstab zerkleinern; einige Fruchtstücke dürfen noch enthalten sein. Mit dem Zitronensaft und dem Gelierzucker vermischen und unter Rühren aufkochen. Während der angegebenen Kochzeit sprudelnd kochen lassen und zum Schluss den Kiwilikör unterrühren. Gelierprobe machen, heiß in Gläser füllen und sofort verschließen.

> **Tipp**
> Für dieses Rezepte eignen sich auch die neu gezüchteten goldfarbenen Kiwis. Kiwis dürfen grundsätzlich nicht zu weich sein, da sie sonst ihr typisches Aroma verlieren.

Kürbiskonfitüre

500 g gelbes Kürbisfruchtfleisch
250 g Äpfel, geschält und entkernt
250 g Orangenfruchtfleisch
1 kg Gelierzucker
Saft einer Zitrone

Das Fruchtfleisch von Kürbis, Apfel und Orange in kleine Stücke schneiden. Mit dem Zitronensaft und dem Gelierzucker vermischen und über Nacht durchziehen lassen. Am nächsten Morgen aufkochen, pürieren und 4 Minuten kochen lassen. Gelierprobe machen, heiß in Gläser füllen und sofort verschließen.

> **Variante**
> Für ein etwas anderes Aroma kann man noch Zimtstangen und ein Stückchen Ingwer hinzufügen.
> Diese Gewürze werden dann vor dem Pürieren entfernt.

**Mango-Papaya-Konfitüre
mit Kokos und Vanille**

2 Mangos
2 Papayas
etwa so viel Gelierzucker, wie das
Fruchtfleisch wiegt
2 EL Kokosflocken
Mark einer halben Vanillestange

Die Mangos schälen und das Fruchtfleisch von den großen Samen ablösen.
Die Papayas halbieren, die Samen mit
einem Löffel entfernen und das Fruchtfleisch von der Schale ablösen. Das
Fruchtfleisch beider Früchte mit dem
Pürierstab zerkleinern, abwiegen und
mit der gleichen Menge Gelierzucker
vermischen. Die Masse unter Rühren
aufkochen und sprudelnd kochen lassen. Kurz vor Ende der angegebenen
Kochzeit die Kokosflocken und das Va-
nillemark einrühren. Gelierprobe machen, heiß in kleine Gläser füllen und
sofort verschließen.

Kürbiskonfitüre

Mirabellenkonfitüre

Mirabellenkonfitüre

1 kg Mirabellen (entsteint)
1 kg Gelierzucker
4 EL Mirabellengeist

Die Mirabellen waschen, abtrocknen und entsteinen. Grob zerkleinern, mit dem Gelierzucker vermischen und mindestens vier Stunden durchziehen lassen. Die Masse unter Rühren aufkochen, während der angegebenen Kochzeit sprudelnd kochen lassen und Gelierprobe machen. Nach Geschmack vor dem Abfüllen Mirabellengeist unterrühren. Heiß in Gläser füllen. Sofort verschließen und auf dem Kopf stehend abkühlen lassen.

Mirabellen-Pflaumen-Konfitüre

500 g entsteinte Mirabellen
500 g entsteinte Pflaumen
1 kg Gelierzucker

Die Früchte waschen, abtrocknen und entsteinen. Im Mixer der Küchenmaschine pürieren und mit dem Gelierzucker vermischen. Die Masse unter Rühren aufkochen und während der angegebenen Kochzeit sprudelnd kochen lassen. Gelierprobe machen, heiß in Gläser füllen und sofort verschließen.

Orangenmarmelade

1 kg ungespritzte Orangen
750 g Gelierzucker

Die Orangen in heißem Wasser abbürsten und abtrocknen. Ein bis zwei Orangen, je nachdem wie viel Schale man in der Konfitüre haben möchte, dünn schälen, sodass an der Schale keine weiße Innenhaut mehr hängt. Die Schale in feine Streifen schneiden. Alle Früchte schälen und von den weißen Häuten befreien. Die Hälfte der Früchte mit dem Mixer pürieren, die andere Hälfte in Stücke schneiden. Das ganze Fruchtfleisch mit dem Gelierzucker vermischen und unter Rühren zum Kochen bringen. Während der angegebenen Kochzeit sprudelnd kochen lassen und Gelierprobe machen. Zum Schluss die Orangenschalen einrühren. In Gläser füllen, verschließen und auf dem Kopf stehend abkühlen lassen.

Orangenmarmelade

Bittere Orangenmarmelade

6 Bitterorangen
1 süße Orange
1 Zitrone
(insgesamt 1 kg Früchte,
unbedingt ungespritzt)
5 l Wasser
2750 g Zucker

Die Früchte quer durchschneiden, die Kerne herausnehmen und in eine Tasse mit Wasser geben. Die Früchte mit der Schale so fein wie möglich in Streifen schneiden und über Nacht in dem Wasser stehen lassen. Am nächsten Tag werden die Früchte 90 Minuten bis 2 Stunden mit dem hinzugegebenen Kernwasser weich gekocht, bis sich die Schalenstreifen zerdrücken lassen. Die Kerne werden in einem Mullsäckchen 30 Minuten mitgekocht. Beim Kochen darf kein Deckel aufgelegt werden, damit der Wasserdampf frei entweichen kann. Rühren ist nicht notwendig. Nun nochmals über Nacht stehen lassen, mit dem Zucker am nächsten Tag 30 bis 45 Minuten kochen und dabei ständig rühren. Gelierprobe machen. Heiß in Gläser füllen und zubinden oder mit Deckel verschließen.

> Diese Marmelade ist etwas aufwendiger als die mit Gelierzucker zubereiteten Konfitüren. Das Ergebnis ist aber die „original englische" Orangenmarmelade. Das Pektin für den Geliervorgang wird hier vor allem aus den Kernen gewonnen.

Orangenmarmelade mit Heidelbeeren

500 g Heidelbeeren
2 ungespritzte Orangen
500 g Gelierzucker
6 Gewürznelken
1 TL Zimt

Die Orangen in heißem Wasser kräftig abbürsten, in dünne Scheiben schneiden und in wenig Wasser so lange kochen, bis die Schale weich ist. Die Orangenscheiben mit den Heidelbeeren, dem Gelierzucker und dem Zimt vermischen. Die Nelken in einem Mullsäckchen zugeben und alles unter Rühren zum Kochen bringen. Während der angegebenen Kochzeit sprudelnd kochen lassen und Gelierprobe machen. Das Säckchen mit den Nelken herausfischen, die Marmelade heiß in Gläser füllen und sofort verschließen.

Orangen-Zitronen-Gelee

1 l Saft von etwa 8 Orangen und
4 Zitronen
1 kg Gelierzucker

Orangen und Zitronen mit der Zitruspresse entsaften. Den Saft mit der gleichen Menge Gelierzucker vermischen und unter Rühren aufkochen. Während der angegebenen Kochzeit sprudelnd kochen lassen und dann Gelierprobe machen. Heiß in kleine Gläser füllen und sofort verschließen.

Linke Seite: Pflaumenmus

Pfirsichkonfitüre

1 kg entsteinte Pfirsiche
1 kg Gelierzucker
5 bis 6 EL Whisky

Die Pfirsiche mehrmals anstechen und dann heiß überbrühen oder für wenige Minuten im Mikrowellenherd auf höchster Stufe erhitzen. Danach die Haut abziehen und die Steine entfernen. Das Fruchtfleisch im Mixer pürieren und mit dem Gelierzucker vermischen. Die Masse unter Rühren aufkochen und während der angegebenen Kochzeit sprudelnd kochen lassen. Gelierprobe machen und anschließend in Gläser füllen. Vor dem Verschließen etwas Whisky auf die Oberfläche träufeln. Vor der Verwendung der Konfitüre wird dann dieser Whisky untergerührt.

> **Variante**
> Anstatt der Pfirsiche kann man auch Nektarinen verarbeiten.

Pfirsich-Orangen-Marmelade

1 kg Pfirsiche
3 ungespritzte Orangen
1 kg Gelierzucker

Die Pfirsiche wie oben beschrieben enthäuten und die Steine entfernen. Das Fruchtfleisch mit dem Pürierstab zerkleinern. Die Orangen unter heißem Wasser abbürsten, dünn schälen und auspressen. Die Pfirsiche mit dem Orangensaft, den Schalen und dem Gelierzucker vermischen. Unter Rühren aufkochen und während der angegebenen

Quittenmus mit Sultaninen: nicht nur für Quittenfans ein Genuss!

Kochzeit sprudelnd kochen lassen. Gelierprobe machen, heiß in Gläser füllen und sofort verschließen.

Pflaumenmus

3 kg Pflaumen
500 g Gelierzucker
Schale von einer unbehandelten Zitrone
2 Stangen Zimt
2 Stück Sternanis

Die Pflaumen waschen, abtrocknen und entsteinen. Mit dem Mixer oder dem Fleischwolf zerkleinern. Das Mus in die Fettpfanne des Backofens füllen und mit den anderen Zutaten vermischen. Bei 175 °C etwa 90 Minuten einkochen, dabei mehrmals umrühren. Heiß in Gläser füllen und sofort verschließen.

Variante
Nach Geschmack kann man bei diesem Rezept noch Ingwerpulver oder Gewürznelken hinzufügen.

Quittenmus mit Sultaninen

1 kg Quitten
100 g Sultaninen
etwa 1 kg Gelierzucker
1 unbehandelte Zitrone
500 ml Wasser

Die Quitten mit einem Küchenkrepp gut abreiben, danach schälen, aufschneiden, entkernen und in Würfel schneiden. Mit etwa 500 ml Wasser zum Kochen bringen und 20 bis 25 Minuten garen lassen, bis sie weich sind. Falls nötig, noch etwas mehr Wasser zugeben, damit die

Quitten nicht ansetzen. Die Zitrone heiß abspülen, trocken reiben und die Schale in feinen Streifen abziehen. Die Zitronenschale mit dem Quittenmus und den gewaschenen Sultaninen vermengen. Das Ganze abwiegen und mit derselben Menge Gelierzucker vermischen. Unter Rühren zum Kochen bringen und die angegebene Kochzeit sprudelnd kochen lassen. Gelierprobe machen. Anschließend heiß in Gläser füllen und sofort verschließen.

Reneklodenkonfitüre

1 kg Renekloden
1 kg Gelierzucker
5 EL Slibowitz

Die Renekloden waschen, abtrocknen und entsteinen. In Stücke schneiden, mit dem Gelierzucker vermischen und 12 Stunden ziehen lassen. Das Ganze unter Rühren zum Kochen bringen und während der angegebenen Kochzeit sprudelnd kochen lassen. Gelierprobe machen. Vor dem Abfüllen den Slibowitz unterrühren. Heiß in Gläser füllen und sofort verschließen.

Tipp
Nach diesem Rezept kann man auch Pflaumenkonfitüre kochen.

Rote Grütze

250 g Erdbeeren
250 g Rote Johannisbeeren
250 g Süßkirschen
250 g Himbeeren
500 g Gelierzucker

Ein beliebter Klassiker: Rote Grütze

Die Früchte verlesen und waschen. Die Kirschen entsteinen. Erdbeeren von den Kelchblättern befreien. Erdbeeren und Kirschen dann mit dem Pürierstab oder dem Mixer grob zerkleinern. Alle Früchte mit dem Gelierzucker vermischen, unter Rühren aufkochen und etwa 5 Minuten kochen lassen. Anschließend in Gläser füllen, sofort verschließen und auf dem Kopf stehend abkühlen lassen.

Sanddornkonfitüre

1 kg Sanddorn
500 g Gelierzucker
100 ml Wasser

Die Beeren mit dem Wasser aufkochen, bis sie platzen. Dann durch ein Sieb passieren und das Mus mit dem Gelierzucker vermischen. Unter Rühren aufkochen und während der angegebenen Kochzeit sprudelnd kochen lassen. Gelierprobe machen, heiß in Gläser füllen und sofort verschließen.

Sauerkirschgelee

500 ml Sauerkirschsaft
500 g Gelierzucker
3 EL Zitronensaft
2 EL Kirschwasser

Die Sauerkirschen kalt entsaften oder den Saft von eingekochten Früchten nehmen. Den Kirschsaft mit dem Gelierzucker und dem Zitronensaft unter Rühren zum Kochen bringen und während der angegebenen Kochzeit sprudelnd kochen lassen. Gelierprobe machen. Das Kirschwasser nach Beendigung der Kochzeit unterrühren, das heiße Gelee

in kleine Gläser füllen und sofort verschließen.

Schlehenkonfitüre

1 kg Schlehen
500 g Gelierzucker
500 ml Wasser

Die Schlehen waschen und mit dem Wasser aufkochen. Anschließend durch ein Sieb passieren. Das Schlehenmus mit dem Gelierzucker vermischen und unter Rühren aufkochen. Während der Kochzeit sprudelnd kochen lassen und Gelierprobe machen. Heiß in Gläser füllen und sofort verschließen.

Tipp

Schlehen sollten nach dem ersten Frost geerntet werden, da sie sonst zu adstringierend sind. Man kann sie auch heiß entsaften und Gelee daraus zubereiten.

Stachelbeergelee mit Holunderblüten

750 ml Stachelbeersaft
1 kg Gelierzucker
1 Dolde Holunderblüten

Stachelbeeren heiß entsaften. Den abgekühlten Saft mit dem Gelierzucker vermischen und unter Rühren aufkochen. Während der angegebenen Kochzeit sprudelnd kochen lassen. Gelierprobe machen und heiß in kleine Gläser füllen. In jedes Glas ein paar Holunderblüten geben, verschließen und auf dem Kopf stehend abkühlen lassen.

Stachelbeergelee mit Walderdbeeren

500 ml Stachelbeersaft
100 g Walderdbeeren
500 g Gelierzucker

Stachelbeeren heiß entsaften. Den abgekühlten Saft mit dem Gelierzucker vermischen und die verlesenen, wenn möglich ungewaschenen Walderdbeeren dazugeben. Unter Rühren aufkochen und während der angegebenen Kochzeit sprudelnd kochen lassen. Gelierprobe machen und heiß in kleine Gläser füllen. Auf dem Kopf stehend abkühlen lassen.

> **Tipp**
> Da Walderdbeeren ein sehr starkes Aroma und eine intensive Farbe besitzen, eignen sie sich auch als Zusatz für andere helle Gelees.

Die Zutaten für die Mehrfruchtkonfitüre kann man nach eigenen Vorlieben zusammenstellen.

Stachelbeer-Kirsch-Konfitüre

1 kg Stachelbeeren
1 kg Süßkirschen
2 kg Gelierzucker

Die Stachelbeeren von Stielen und Blütenansätzen befreien. Waschen und abtrocknen. Die Kirschen waschen, abtrocknen und entsteinen. Die Früchte mit dem Mixer pürieren. Die Masse mit dem Gelierzucker vermischen und eine Stunde ziehen lassen, dann unter Rühren aufkochen und während der angegebenen Kochzeit sprudelnd kochen lassen. Gelierprobe machen, heiß in Gläser füllen und sofort verschließen.

Variante
Anstatt Kirschen kann man auch Himbeeren nehmen.

Vierfrucht-Konfitüre

500 g Erdbeeren
500 g Rote Johannisbeeren
500 g Stachelbeeren
500 g Kirschen
2 kg Gelierzucker
Saft von zwei Zitronen

Die Früchte verlesen, waschen und abtrocknen. Die Kirschen entsteinen, die Erdbeeren von den Kelchblättern befreien. Jeweils die Hälfte der Früchte im Mixer pürieren, die andere Hälfte ganz lassen. Das Fruchtmus mit den ganzen Früchten und dem Gelierzucker verrühren und mindestens zwei Stunden zugedeckt ziehen lassen. Dann den Zitronensaft dazugeben und die Masse unter Rühren zum Kochen bringen und während der angegebenen Zeit sprudelnd kochen lassen. Gelierprobe machen, in Gläser füllen und sofort verschließen. Gläser auf dem Kopf stehend abkühlen lassen.

Vogelbeergelee

500 ml Vogelbeersaft
500 g Gelierzucker
100 ml Weißwein

Die Vogelbeeren waschen und heiß entsaften. Den abgekühlten Saft mit dem Gelierzucker vermischen und unter Rühren aufkochen. Während der angegebenen Kochzeit sprudelnd kochen lassen. Gelierprobe machen. Nach Beendigung der Kochzeit den Weißwein unterrühren. Heiß in kleine Gläser füllen und sofort verschließen. Wem der Geschmack von Vogelbeergelee zu herb ist, der kann den Saft anderen Gelees oder Konfitüren beimischen.

Weingelee

500 ml schwerer Rotwein oder Portwein
500 g Gelierzucker

Den Wein mit dem Gelierzucker unter Rühren aufkochen und während der angegebenen Kochzeit sprudelnd kochen lassen. Gelierprobe machen und in kleine Gläser füllen. Sofort verschließen.

Variante
Weingelee lässt sich auch gut aus Fruchtweinen herstellen.

Weintraubengelee

1 l Traubensaft von roten oder weißen Trauben
1 kg Gelierzucker

Weintrauben waschen, abtrocknen und dann kalt entsaften. Mit dem Gelierzucker vermischt unter Rühren zum Kochen bringen und während der angegebenen Kochzeit sprudelnd kochen lassen. Gelierprobe machen, in kleine Gläser füllen und sofort verschließen.

Rezepte
für roh gerührte Konfitüren

Beerenkonfitüre

1 kg Himbeeren (oder Brombeeren, Erdbeeren, Heidelbeeren)
1 kg Gelierzucker
Saft einer Zitrone
4 EL Himbeergeist oder Kroatzbeere

Die Beeren waschen und mit einem Küchenkrepp vorsichtig trocken tupfen. Die Früchte im Mixer pürieren. Den Zitronensaft und nach und nach den Gelierzucker dazugeben. Das Ganze so lange rühren, bis sich der Zucker vollständig gelöst hat und die Masse zu glänzen beginnt. Die Konfitüre etwa 10 bis 15 Minuten ruhen lassen, damit die Luftblasen entweichen können. Danach in saubere Gläser füllen und auf die Oberfläche etwas Alkohol träufeln. Die Gläser verschließen und im Kühlschrank aufbewahren. Innerhalb von drei Monaten verbrauchen.

Hagebuttenmus

1 kg Hagebutten
500 g Gelierzucker

Die Hagebutten von Stielen und Blütenansätzen befreien und entkernen. Dann mit etwas Wasser in einen Steintopf legen und drei Tage ziehen lassen. Anschließend im Mixer pürieren und nach und nach den Gelierzucker dazugeben. So lange weiterrühren, bis der Zucker vollständig aufgelöst ist. Danach einige Minuten stehen lassen, bis die Luftblasen entwichen sind. In saubere Gläser füllen und sofort verschließen. Im Kühlschrank aufbewahren und innerhalb acht Wochen verzehren.

Preiselbeerkonfitüre

500 g Preiselbeeren
300 g fester Honig

Die Preiselbeeren verlesen, wenn möglich nicht waschen. Die Beeren pürieren und den Honig stückchenweise dazugeben. In der Küchenmaschine so lange rühren, bis das Ganze eine geschmeidige Masse ergibt. In saubere Gläser füllen, verschließen und im Kühlschrank aufbewahren. Innerhalb von vier Monaten verzehren.

Preiselbeerkonfitüre

Kompott

Kompott wird hergestellt, indem frische Früchte verlesen und entkernt bzw. entsteint und je nach Größe in Stücke geschnitten zusammen mit Zucker, Wasser und eventuell Gewürzen erhitzt und in einem dicht schließenden Gefäß sterilisiert werden. So sterilisiertes, unter Luftabschluss aufbewahrtes Kompott ist jahrelang haltbar.

Beim Sterilisieren von Obst werden durch die Hitze die Mikroorganismen abgetötet, die zu einem Verderben des Kompotts führen könnten. Die Luft in den Einmachgläsern dehnt sich aus und entweicht nach außen. Nach dem Abkühlen entsteht in den Gläsern ein Unterdruck. Der äußere Luftdruck drückt dann den Deckel so fest auf das Gefäß, dass von außen keine Luft und damit auch keine neuen Mikroorganismen eindringen können. Wird das Obst frisch verarbeitet und sachgerecht eingekocht, bleiben außerdem auch die meisten wertvollen Vitamine und Nährstoffe erhalten – besonders gut für eine ausgeglichene Ernährung in der kalten Jahreszeit, wenn weniger frisches Obst angeboten wird.

Kompott eignet sich pur als Nachtisch oder Zwischenmahlzeit. Für Menschen, die auf Fruchtsäure empfindlich reagieren, kann es als Ersatz für Frischobst dienen. Ebenso kann man es als Kuchenbelag oder -füllung verwenden oder als Dessert mit Eis, Pudding oder Creme kombinieren.

Benötigte Geräte

Zum Abmessen von Früchten, Zucker und Wasser benötigt man eine Küchenwaage und einen Messbecher. Das gewaschene Obst lässt man in einem Durchschlag aus Kunststoff oder Email gut abtropfen. Einen Entsteiner benötigt man bei der Verarbeitung von Kirschen und Pflaumen. Ein scharfes Messer braucht man zum Entfernen des Kerngehäuses beim Kernobst und zum Zerteilen großer Früchte. Soll Kernobst geschält werden, leistet ein Schälmesser hilfreiche Dienste.

Einkochgläser gibt es in verschiedenen Ausführungen und Größen. Früher verwendete man vorwiegend die Massivrand- und die Rillengläser. Bei diesen Gläsern liegt der Deckel gewölbt über dem Rand des Glases. Beim Rillenglas greift zusätzlich eine Nut am Deckel in eine Rille am Gefäßrand. Zwischen eingefülltem Einmachgut und Deckel bleiben bei diesen Gläsern immer einige Zentimeter Abstand. Die neueren Rundrandgläser besitzen flache Deckel, die in die Öffnung eingepasst sind. Hier liegt der Deckel direkt auf dem Einmachgut, sodass weniger Luft im Gefäß zurückbleibt und sich die Früchte dadurch länger halten. Außerdem lassen sich die Gläser wegen des flachen Deckels besonders gut stapeln.

Damit die Gläser nach dem Sterilisieren dicht verschlossen bleiben, wird

Gummiringe und Metallklammern verschließen die Einmachgläser luftdicht.

zwischen Glas und Deckel ein passender Gummiring gelegt, der die Funktion einer Dichtung erfüllt. Diese Gummiringe gibt es für Einmachgläser aller Größen. Sie müssen einwandfrei sein. Spröde und rissige Gummiringe schließen nicht mehr dicht ab und müssen durch neue ersetzt werden. Während des Sterilisierens müssen die Deckel fest auf die Gläser gepresst werden. Hierzu benötigt man spezielle Metallklammern, die man über den Rand der Gläser spannt. Sie können nach Abkühlen des Einkochgutes wieder abgenommen werden. Wer nur kleine Mengen Obst einkochen möchte, kann auch Gläser mit dicht

schließenden Schraubdeckeln verwenden. Auch sie müssen einwandfrei sein und dürfen keine Beschädigungen aufweisen.

Zum Sterilisieren oder eigentlichen Einkochen des Obstes kann man verschiedene Geräte benutzen. Bei den speziellen Einkochtöpfen unterscheidet man zwei Ausführungen. Die selbst beheizten Töpfe besitzen einen Thermostat und eine Zeitschaltuhr. Da ihre Anschaffung recht kostspielig ist, lohnt sie sich eigentlich nur für Haushalte, in denen viel eingekocht wird. Die einfachen Einkochtöpfe werden auf dem Herd erhitzt. Sie bestehen aus Email und sind mit einer Gittereinlage und einem Thermometer ausgestattet. Für Elektroherde werden Einkochtöpfe mit besonders verstärktem Boden angeboten.

Die Einmachgläser werden auf das Metallgitter in den Topf gestellt. Mithilfe des Thermometers, das durch ein Loch im Deckel gesteckt wird, kann man die Wassertemperatur im Topf kontrollieren.

Die Anschaffung eines speziellen Einkochtopfes ist nicht unbedingt notwendig, da man auch im Backofen sterilisieren kann. Hierzu stellt man die Einmachgläser nebeneinander – ohne dass sie sich berühren – in die mit Wasser gefüllte Saftschale. Falls der Herd auf dem Temperaturregler nicht die Bezeichnung „Sterilisieren" trägt, kocht man bei 175 °C ein. In Heißluftherden kann man zwei Lagen Einkochgläser gleichzeitig sterilisieren.

Will man nur kleine Mengen Obst einkochen, kann man dies auch im Schnellkochtopf tun. Hierbei beachtet man die Gebrauchsanleitung für den Topf. Der Vorteil dieser Methode ist die kürzere und damit energiesparendere Einkochzeit.

Die Geräte auf einen Blick
Küchenwaage
Messbecher
Messer, Schälmesser
Entsteiner
Einkochgläser mit passenden Deckeln und passenden Gummiringen
Metallklammern
Einkochtopf (nur bei größeren Mengen)

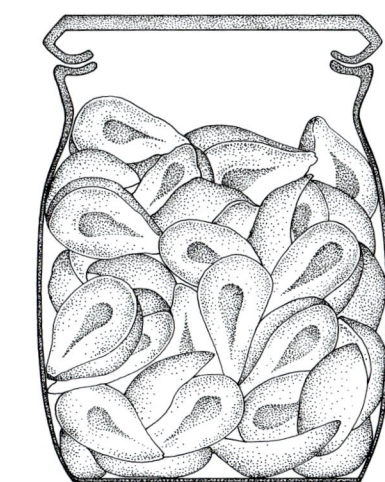 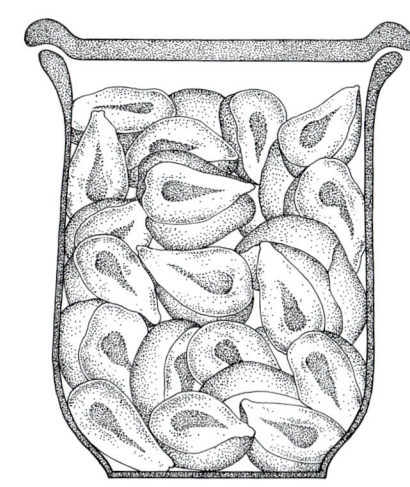

Einmachgläser älterer und neuerer Form. Das alte Rillenglas mit erhabenem Deckel darf nicht ganz gefüllt werden. Das neue Rundrandglas hat einen vertieften Deckel und ist gut stapelbar. Es wird ganz vollgefüllt.

Die Zutaten

Da die Eigensüße der Früchte meistens nicht ausreicht, muss man ihnen beim Einkochen Zucker zusetzen. Hierfür verwendet man am besten speziellen **Einmachzucker**. Dieser Zucker ist eine Raffinade mit etwas größeren Kristallen und hat einen sehr großen Reinheitsgrad. Durch die Kristallgröße löst sich der Zucker langsamer auf. So entsteht weniger Schaum und das Fruchtaroma kann sich besser entfalten.

Damit empfindliche Beeren sowie Schattenmorellen und Rhabarber nicht so leicht zerfallen und ihre Farbe besser behalten, kann man diese Früchte auch mit Gelierzucker einkochen. Kompott kann unter Verwendung von Süßstoff ebenso für Diabetiker hergestellt werden. Die angegebenen Zuckermengen können gegen die entsprechenden Mengen Süßstoff (siehe Packungsbeilage) ersetzt werden.

Alle anderen möglichen Zutaten wie Zitronensaft, Vanille, Zimt, Gewürznelken oder Wein kann man je nach Geschmack und Obstsorte hinzufügen. Einige Beispiele hierfür werden im Rezeptteil gegeben.

Vorbereitung der Früchte

Das zu verarbeitende Obst sollte frisch und vollreif sein, damit es sein ganzes Aroma entfaltet. Weder unreife noch überreife Früchte sind zum Einkochen geeignet. Das Obst sollte bei trockenem Wetter am Morgen geerntet und noch am selben Tag verarbeitet werden. Auch gekauftes Obst, das man in der Haupternezeit häufig – besonders in großen Mengen – günstig bekommen kann, sollte noch am gleichen Tag verarbeitet werden. Angeschlagene Früchte müssen aussortiert werden. Sie können nach Entfernen der Schadstellen noch für die Zubereitung von Fruchtaufstrichen verwendet werden.

Nach dem Verlesen wäscht man das Obst in klarem Wasser und lässt es in einem Durchschlag abtropfen. Festere Früchte kann man mit einem Küchentuch abtrocknen. Erst dann werden sie – falls notwendig – entsteint oder geschält. Kernobst halbiert man, um das Kerngehäuse entfernen zu können. Man kann diese Früchte entweder als Hälften oder in kleinere Stücke geschnitten einmachen.

Vorbereitung der Gefäße

Die Einmachgläser und die Deckel werden mit heißem Wasser und Spülmittel gereinigt und danach mit heißem, klarem Wasser abgespült. Zum Abtropfen stellt man sie umgekehrt auf ein Küchentuch. Die Gummiringe werden mit etwas Spülmittel in Wasser ausgekocht und anschließend in ein Gefäß mit klarem, heißem Wasser gelegt.

Zubereiten des Einmachgutes

Wie nun die einzelnen Fruchtsorten eingekocht werden, hängt von ihrem Saftgehalt und ihrer Eigensüße ab. Saftreiche Beeren und Rhabarber werden mit dem Zucker in die Gläser geschichtet. Alle anderen Obstsorten werden nach dem Einfüllen mit **heißer Zuckerlösung** übergossen. Hierzu erhitzt man die be-

Nach dem Waschen werden alle Früchte entsteint.

nötigte Wassermenge und löst die angegebene Menge Einmachzucker darin auf.

Für 3 kg Früchte benötigt man etwa
1 l Zuckerlösung.
Bei süßen Früchten rechnet man auf
1 l Wasser 100 bis 300 g Zucker.
Bei sauren Früchten rechnet man pro
1 l Wasser 400 bis 600 g Zucker.

Sehr harte Früchte wie Quitten und
harte Birnen werden vor dem Einfüllen
in die Gläser 5 bis 10 Minuten in einer
entsprechenden Zuckerlösung vorge-
kocht.

Mit wie viel Zucker oder Zuckerlösung
die einzelnen Fruchtarten eingekocht
werden, ist in der folgenden Tabelle zusammengestellt.

Füllt man heißes Einmachgut in die
Gläser, sollten diese auf einem feuchten
Tuch stehen, das die Wärme besser ab-
leitet, um ein Platzen der Gefäße zu vermeiden.

Die vorbereiteten Früchte werden –
wenn man sie nicht mit Zuckerlösung
einkocht – wechselweise mit Einmachzucker in die sauberen Gläser geschichtet. Um eine möglichst dichte Packung
zu erreichen, stößt man das Glas mehrmals vorsichtig auf, damit die Früchte
zusammenrutschen. Die Früchte müs-

Den Einmachzucker kann man in heißem Wasser auflösen und dann über die Früchte im Glas gießen.

sen dicht genug in die Gläser geschichtet werden, da sie während des Erhitzens zusammenfallen und dann ein geringeres Volumen einnehmen. Lässt man die Früchte vor dem Sterilisieren noch einige Zeit Saft ziehen, löst sich der Zucker besser auf und die Früchte lassen sich enger in die Gläser schichten. Sollte sich der Einmachzucker während des Sterilisierens trotzdem schlecht lösen, empfiehlt es sich, für die nächste Serie stattdessen normalen Haushaltszucker zu verwenden oder den Einmachzucker vorher in etwas heißem Wasser aufzulösen.

Die Früchte werden bis 2 cm unter den Glasrand eingefüllt. Erst dann werden sie gegebenenfalls mit der heißen Zuckerlösung übergossen. Die Früchte sollten alle von der Flüssigkeit bedeckt sein.

Nun nimmt man einen Gummiring aus dem Wasser, lässt ihn abtropfen und legt ihn nass auf den sauberen Gefäßrand. Zum Schluss wird der Deckel aufgelegt und mit den Metallklammern befestigt. Hierbei muss man besonders darauf achten, dass sich der Gummiring nicht verschiebt oder verklemmt, da dann das Glas nicht dicht schließt.

Sterilisieren im Einkochtopf

Die gefüllten und verschlossenen Gläser werden auf das Drahtgitter in den Topf gestellt. Die Gläser dürfen sich zwar berühren, sollten aber auf keinen Fall unter Spannung in den Topf gezwängt werden. Dann füllt man so viel Wasser ein, dass die Gläser etwa zu dreiviertel ihrer Höhe davon umgeben sind. Wurde das Einmachgut heiß in die Gläser gegeben, füllt man heißes Wasser ein. Ist das Einmachgut kalt, nimmt man kaltes Wasser. Dann verschließt man den Topf mit dem Deckel und steckt das Thermometer durch die dazu vorgesehene Öffnung. Jetzt erhitzt man und beobachtet die Temperatur. Wenn die richtige Einkochtemperatur erreicht ist, beginnt die

Einkochzeiten und -temperaturen für das Sterilisieren im Einkochtopf

Fruchtart	Einkochtemperatur	Einkochzeit
Apfel	80 °C	30 min
Aprikose	75 °C	30 min
Birne	90 °C	30 min
Brombeere	75 °C	30 min
Erdbeere	75 °C	25 min
Heidelbeere	80 °C	30 min
Himbeere	75 °C	20 min
Johannisbeere schwarz, weiß, rot	90 °C	20 min
Kirsche, sauer	80 °C	30 min
Kirsche, süß	80 °C	30 min
Mirabelle	75 °C	30 min
Pfirsich	75 °C	30 min
Pflaume	90 °C	30 min
Preiselbeere	90 °C	30 min
Quitte	90 °C	30 min
Reneklode	75 °C	30 min
Rhabarber	80 °C	25 min
Stachelbeere	80 °C	30 min

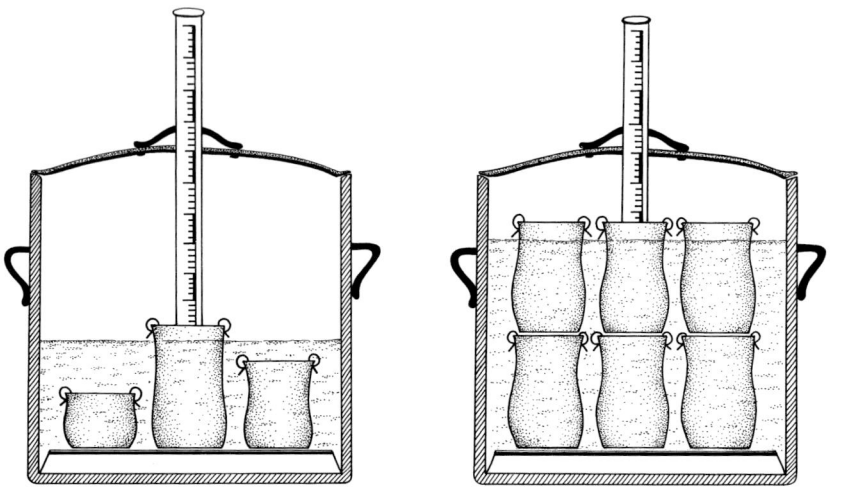

Sterilisieren im Einkochtopf. Die neueren Gläser können übereinander gestapelt in den Topf ge-stellt werden. Unterschiedliche Größen können zusammen sterilisiert werden.

eigentliche Einkochzeit. Automatik-Ein-kochtöpfe halten die eingestellte Tem-peratur thermostatgesteuert konstant. Bei welcher Temperatur welches Obst wie lange sterilisiert werden muss, ist in der Tabelle angegeben. Nach der vorge-schriebenen Einkochzeit nimmt man die Gläser aus dem Topf und lässt sie bei Zimmertemperatur abkühlen.

175 °C. Sobald die Flüssigkeit in allen Gläsern perlt, was unter Umständen über eine Stunde dauern kann, schaltet man den Backofen aus. Weiche Früchte

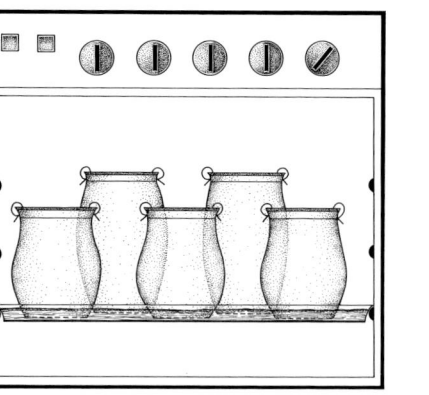

Sterilisieren im Backofen

Die gefüllten und verschlossenen Gläser stellt man in die Saftpfanne des Back-ofens, die etwa 2 cm hoch mit Wasser gefüllt ist. Die Gläser werden so ange-ordnet, dass sie sich nicht berühren und man jedes einzelne gut beobachten kann. Falls in der Gebrauchsanweisung des Herdes nicht anders angegeben, stellt man den Temperaturregler auf

Sterilisieren in der mit Wasser gefüllten Saft-pfanne im Backofen

belässt man noch 20 Minuten, harte Früchte 30 Minuten im ausgeschalteten Backrohr. Dann nimmt man die Gläser heraus und lässt sie bei Zimmertemperatur abkühlen. In einem Heißluftherd kann man zwei Lagen Gläser gleichzeitig sterilisieren. Wenn in der Anleitung nicht anders angegeben, wird auf 160 °C aufgeheizt. Der Zeitraum bis zum Perlen der Flüssigkeit ist wesentlich kürzer als bei einem herkömmlichen Herd. Nachdem man den Herd ausgeschaltet hat, verfährt man wie oben beschrieben.

Sterilisieren im Schnellkochtopf

Die gefüllten und verschlossenen Gläser werden auf den Boden des Schnellkochtopfes gestellt. Die einzufüllende Wassermenge, die notwendige Temperatur und die Dauer der Einkochzeit sind der Gebrauchsanleitung des jeweiligen Schnellkochtopfes zu entnehmen. Nach Beendigung der vorgeschriebenen Einkochzeit nimmt man den Topf vom Herd und lässt ihn geschlossen so lange abkühlen, bis der Dampfdruck nachgelassen hat. Sobald das Ventil keinen Druck mehr anzeigt, lässt man den Topf noch eine halbe Stunde stehen, bevor man ihn öffnet. Nun nimmt man die Gläser heraus und lässt sie bei Zimmertemperatur abkühlen.

Abkühlen, Etikettieren und Lagern der Gläser

Während des Abkühlens dürfen die Gläser keiner Zugluft ausgesetzt sein. Erst wenn das Einmachgut völlig erkaltet ist, darf man die Metallklammern lösen.

Luft entweicht
beim Sterilisieren.

Außenluftdruck
hält Deckel fest.

Unterdruck

Das Unterdruckprinzip bei Einkochgläsern. Beim Sterilisieren halten Klammern den Deckel, sie werden nach dem Erkalten entfernt.

Nun prüft man, ob der Deckel fest sitzt. Ist das nicht der Fall, muss man die Ursache feststellen. War das Gefäß oder der Gummiring nicht in Ordnung, füllt man das Einkochgut um oder ersetzt den Gummiring und sterilisiert erneut. Bleibt das Glas dann immer noch nicht dicht verschlossen, muss man den Inhalt sofort verbrauchen.

Die Gläser werden mit Angaben über Inhalt und Herstellungsdatum beschriftet. Man lagert sie am besten kühl und dunkel in einem trockenen Kellerraum oder in der Speisekammer. Die ideale Temperatur liegt zwischen 4 und 12 °C. Man sollte regelmäßig überprüfen, ob noch alle Deckel dicht schließen. Kompott in undichten Gefäßen ist sofort zu verbrauchen. Sollte das Obst schon Schimmel angesetzt haben oder gären, muss man es wegwerfen.

Rezepte

In den Rezepten wird jeweils die Einkochzeit und -temperatur für das Sterilisieren im Einkochtopf angegeben. Natürlich kann man die Gläser auch nach den anderen oben beschriebenen Methoden sterilisieren.

Apfelkompott

3 kg Äpfel
300 g Einmachzucker
1 l Wasser
1 Zimtstange
Schale einer unbehandelten Zitrone
200 ml Calvados nach Belieben

Die Äpfel schälen, vierteln, das Kerngehäuse entfernen und die Stücke noch-

mals halbieren. Sofort in Wasser mit einem Schuss Zitronensaft legen, damit sie nicht braun werden. Die Apfelstückchen in Einweckgläser füllen. Das Wasser mit dem Einmachzucker und den Gewürzen aufkochen und über die Äpfel geben. Das Glas verschließen und sterilisieren.

Falls man den Calvados verwenden möchte, wird er unter die Lösung gemischt, nachdem man sie von der Kochstelle genommen hat.

Da Äpfel auch ohne Konservierung haltbar sind, wird man Apfelkompott nur dann einkochen, wenn ausreichend Gläser und Lagerraum zur Verfügung stehen und wenn man nicht die Zeit hat, immer gerade bei Bedarf frisches Kompott zu kochen. Das Gleiche gilt auch für Apfelmus.

Die Äpfel für das Apfelkompott werden erst geschält, dann entkernt und in Stücke geschnitten.

Variante
Nach dem Rezept kann man auch Birnen und Quitten oder ein gemischtes Kompott aus den drei Obstsorten einkochen. Sehr harte Früchte sollten vorher 5 bis 10 Minuten gekocht werden.

Apfelmus

4 kg Äpfel
400 g Zucker
500 ml Wasser

Äpfel waschen, vierteln, Kerngehäuse entfernen und Äpfel in Stücke schneiden. Mit dem Wasser weich kochen und durch ein Sieb streichen. Die Masse mit dem Zucker verrühren und in Gläser bis etwa 3 cm unter den Rand einfüllen. Verschließen und 30 Minuten bei 80 °C sterilisieren.

Birnenkompott mit Weißwein

3 kg feste Birnen
400 g Einmachzucker
500 ml Wasser
500 ml Weißwein
1 Zimtstange
6 Gewürznelken
Zitronenwasser

Die Birnen schälen, halbieren und Kerngehäuse, Stiel und Blütenansatz entfernen. Die Früchte bis zur weiteren Verwendung in Wasser, dem man etwas Zitronensaft zugesetzt hat, legen, damit sie nicht braun werden. Das Wasser mit dem Einmachzucker aufkochen und die Birnenhälften darin etwa 10 Minuten dünsten, bis sie beginnen, glasig zu

werden. Die Früchte mit einem Schaumlöffel herausnehmen und mit den Gewürzen in Gläser schichten.

Den Weißwein zu der heißen Zuckerlösung geben. Die Gläser mit der Lösung auffüllen und verschließen. 30 Minuten bei 90 °C sterilisieren.

Brombeerkompott

1 kg Brombeeren
250 g Gelierzucker

Die Brombeeren waschen und abtropfen lassen. Schichtweise mit dem Gelierzucker in die Gläser geben. Gut verschließen und 30 Minuten bei 75 °C sterilisieren.

Erdbeer-Rhabarber-Kompott

1 kg Erdbeeren
1 kg Rhabarber (möglichst rote Sorte)
500 g Einmachzucker

Den Rhabarber putzen, waschen und in 3 cm lange Stücke schneiden. Die Erdbeeren waschen, abtropfen lassen und erst dann von den Kelchblättern befreien. Die Rhabarberstücke und die Erdbeeren zusammen mit dem Einmachzucker dicht in Gläser schichten, abdecken und drei bis vier Stunden Saft ziehen lassen. Dann die Gläser verschließen und 25 Minuten bei 80 °C sterilisieren.

Variante
Dieses Kompott kann auch mit Kandiszucker zubereitet werden. Hierbei muss dann mehr Zeit für das Ziehen des Saftes gerechnet werden.

Heidelbeerkompott

1 kg Heidelbeeren
300 g Einmachzucker

Die Beeren verlesen und waschen. Abtropfen lassen und in einer Schüssel mit dem Einmachzucker vermischen. Dicht in vorbereitete Gläser füllen. Verschließen und 30 Minuten bei 80 °C sterilisieren.

Holundermus

1 kg Holunderbeeren
500 g Pflaumen
500 g Birnen
200 g Zucker
500 ml Wasser
1 TL Nelkenpulver
1 TL Zimt
4 EL Zitronensaft

Die Holunderbeeren waschen und abtropfen lassen. Die Pflaumen waschen und entsteinen. Die Birnen waschen, schälen, vierteln und entkernen. Anschließend das Fruchtfleisch in Scheiben schneiden. Holunder, Pflaumen und Birnenscheiben mit Wasser, Zucker und Gewürzen vermischen und aufkochen. In etwa 10 Minuten bei kleiner Hitze gar dünsten. Abkühlen lassen, in Gläser füllen, verschließen und 20 Minuten bei 90 °C sterilisieren.

> **Tipp**
> Dieses Holundermus passt besonders gut zu warmen Mehlspeisen wie Dampfnudeln, Rohrnudeln oder Kartoffelklößen.

Mirabellen- oder Reneklodenkompott

3 kg Mirabellen oder Renekloden
400 g Einmachzucker
1 l Wasser

Die Früchte waschen, halbieren und entsteinen. In vorbereitete Einmachgläser schichten. Für ein intensiveres Aroma kann man einige zerschlagene Steine mit hineingeben. Den Einmachzucker in dem Wasser unter Erhitzen auflösen und über die Früchte geben, sodass sie bedeckt sind. Gläser verschließen und 30 Minuten bei 75 °C sterilisieren.

Holundermus

Pfirsiche in Wein

3 kg Pfirsiche
400 g Einmachzucker
500 ml Wasser
500 ml Weißwein

Die Pfirsiche überbrühen und enthäuten. Die Früchte halbieren, entsteinen und die Hälften noch einmal durchschneiden. In vorbereitete Einmachgläser füllen. Das Wasser mit dem Einmachzucker aufkochen und erst zum Schluss den Wein dazugeben. Die Lösung heiß über die Früchte geben, sodass diese vollständig bedeckt sind. Gläser verschließen und 30 Minuten bei 75 °C sterilisieren.

Die Schale von unbehandelten Orangen verfeinert das Aroma des Pflaumenkompotts.

> **Tipp**
> Besonders gut eignen sich hierzu die kleinen, eher unscheinbaren, aber besonders aromatischen Weinbergpfirsiche, die in Gegenden mit mildem Klima gelegentlich erhältlich sind.

Pflaumenkompott

2 kg Pflaumen
500 g Zucker

Die Pflaumen waschen und entsteinen. Mit dem Zucker vermischen und zugedeckt zwei Stunden Saft ziehen lassen. Die Früchte mit dem Saft in vorbereitete Gläser schichten und 30 Minuten bei 90 °C sterilisieren. Wenn man ein fruchtigeres Aroma haben möchte, kann man vor dem Sterilisieren noch unbehandelte Orangenschalen hinzugeben.

Preiselbeerkompott

1 kg Preiselbeeren
250 g Einmachzucker
500 ml Wasser
1 Orange
1 Zitrone

Die Preiselbeeren verlesen, waschen und abtropfen lassen. In vorbereitete Gläser schichten. Die Zitrusfrüchte auspressen und den Saft mit dem Wasser und dem Einmachzucker vermischen und unter Rühren erhitzen, bis der Zucker gelöst ist. Die heiße Zuckerlösung über die Preiselbeeren geben, sodass sie vollständig bedeckt sind, Gläser verschließen und 30 Minuten bei 90 °C sterilisieren.

Rhabarberkompott

1 kg Rhabarber
300 g Einmachzucker
2 EL Gin

Den Rhabarber waschen, dünn schälen und in etwa 5 cm lange Stücke schneiden. Die Fruchtstücke mit dem Einmachzucker eng in vorbereitete Gläser schichten und drei bis vier Stunden Saft ziehen lassen. Anschließend in jedes Einmachglas einen Schuss Gin geben, die Gläser verschließen und 25 Minuten bei 80 °C sterilisieren.

Sauerkirschkompott

2 kg Sauerkirschen
500 g Einmachzucker

Die Kirschen waschen, abtropfen lassen und entsteinen. Abwechselnd mit dem Einmachzucker dicht in vorbereitete Gläser schichten und 30 Minuten bei 80 °C sterilisieren.

Stachelbeeren mit weißem Rum

1,5 kg Stachelbeeren
300 g Einmachzucker
500 ml Wasser
200 ml weißer Rum

Die Stachelbeeren von Blütenansätzen und Stielen befreien und waschen. Abtropfen lassen und in vorbereitete Einmachgläser füllen. Das Wasser mit dem Einmachzucker aufkochen. Die Lösung vom Herd nehmen, den Rum dazugeben und über die Früchte gießen, bis sie vollständig bedeckt sind. Gläser verschließen und 30 Minuten bei 80 °C sterilisieren.

Kandiertes und Glasiertes

Das Haltbarmachen von Früchten durch **Kandieren** beruht auf der konservierenden Wirkung des Zuckers. Hierbei wird das Wasser in den Früchten gegen Zucker ausgetauscht. Die Früchte werden dazu in eine **konzentrierte Zuckerlösung** gelegt. Die Zuckerkonzentration in den Fruchtzellen ist wesentlich geringer als in der Lösung, sodass durch die Zellwände ein Konzentrationsausgleich stattfindet: Wasser wandert nach außen und Zucker nach innen. Da dieser Prozess sehr langsam vor sich geht, ist das Kandieren von Früchten ein recht langwieriger Prozess. Durch den hohen Zucker- und den niedrigen Wassergehalt können die schädlichen Mikroorganismen nicht überleben. Bei trockener Lagerung sind kandierte Früchte einige Monate haltbar.

Beim Glasieren von Früchten findet der Austausch von Zucker gegen Wasser nur an der Oberfläche statt. Daher sind diese Früchte nicht lange haltbar, sondern nur zum baldigen Verzehr geeignet.

Kandierte und glasierte Früchte können als Verzierungen von Torten, Kuchen und Desserts verwendet oder bei Früchtekuchen mitgebacken werden. Als süßes Konfekt kann man sie noch zusätzlich mit einem Schokoladenüberzug verfeinern.

Die Geräte auf einen Blick
Küchenwaage
Messbecher
Messer
Entsteiner
Schälmesser
Pfanne oder flacher Topf
zwei flache Schüsseln
Kuchengitter
Schaumlöffel
Zahnstocher oder Holzspieße
Alufolie oder Wachspapier

Benötigte Geräte

Mit einer Küchenwaage und einem Messbecher werden die Früchte, der Zucker und das für die Zuckerlösung benötigte Wasser abgemessen. Die gewaschenen Früchte werden mit Küchenkrepp abgetrocknet. Ein scharfes Messer, einen Entsteiner und ein Schälmesser benötigt man für die Vorbereitung der verschiedenen Früchte. In einer Pfanne oder einem flachen Topf bereitet man die Zuckerlösung zu. Weiterhin braucht man zwei flache Schüsseln. In einer lässt man die Früchte in dem Zuckersirup ziehen. Über die zweite Schüssel legt man ein Kuchengitter, auf dem die Früchte abtropfen können. Der Sirup wird darunter aufgefangen. Mit einem Schaumlöffel hebt man die Früchte aus dem Sirup. Zahnstocher oder größere Holzspieße benötigt man, um die glasierten Früchte aufzuspießen und so zu trocknen. Aufbewahrt werden die fertigen Früchte in Alufolie oder Wachspapier.

Welche Früchte eignen sich?

Zum Kandieren und Glasieren eignen sich am besten reife, aber noch feste Früchte von **aromatischen Obstsorten**. Überreifes oder angeschlagenes Obst ist ungeeignet. Ebenso lassen sich sehr safthaltige Beeren nicht auf diese Weise verarbeiten.

Zum Kandieren eignen sich Ananas, Aprikosen, Bananen, Birnen, kleine Erdbeeren, Kirschen, Kiwis, Kumquats, Limetten, Mangos, Mirabellen, Orangen, Pfirsiche, Pflaumen, Zitronen und die Schalen von Zitrusfrüchten.

Zum Glasieren kann man außerdem Äpfel und Weintrauben verwenden.

Früchte, die mit Schale verarbeitet werden sollen, dürfen natürlich nicht gespritzt sein.

Orangen müssen vor dem Kandieren gründlich abgewaschen und in dünne Scheiben geschnitten werden.

Vorbereiten der Früchte

Bevor man mit dem Kandieren von Früchten beginnt, muss man sich im Klaren sein, dass man in den folgenden 14 Tagen fast täglich etwas daran arbeiten muss.

Die Früchte werden gründlich, zunächst heiß und dann noch einmal kalt, abgewaschen und mit Küchenkrepp getrocknet.

Bei Aprikosen, Kirschen, Mangos, Mirabellen, Pfirsichen und Pflaumen werden die Steine entfernt. Ananas, Bananen, Birnen, Kiwis, Mangos und Pfirsiche werden geschält. Früchte, die im Ganzen kandiert werden sollen, wie Aprikosen, Erdbeeren, Kumquats, Mirabellen und Pflaumen, sticht man vorsichtig an mehreren Stellen an, damit der Zuckersirup besser eindringen kann. Bei entsteinten Kirschen ist diese Prozedur nicht erforderlich. Große Früchte schneidet man in mundgerechte Stücke (Ananas, Birnen, Mangos, Pfirsiche) oder in Scheiben (Bananen, Kiwis, Limetten, Orangen, Zitronen).

Die so vorbereiteten Früchte werden nun kurz gegart, bis sie gerade eben weich sind. Vorsicht, dass sie nicht zerfallen! Dieser Vorgang ist notwendig, damit der Zucker besser eindringen kann und die Farbe gut erhalten bleibt. Entweder dünstet man die Früchte hierzu in einem Sieb über Wasserdampf oder man kocht sie 3 bis 5 Minuten in Wasser, wobei man 300 ml Wasser auf 500 g Früchte rechnet. Nach dem Garen lässt man die Früchte abtropfen und fängt das Kochwasser auf.

Kandieren von Früchten

1. Tag

Man stellt eine Zuckerlösung aus 300 ml Wasser und 250 g Einmachzucker her. Hierfür kann man das Kochwasser der zuvor gegarten Früchte verwenden. Die angegebene Menge reicht für etwa 500 g Früchte aus. Will man größere Mengen kandieren, muss man entsprechend mehr Zuckerlösung herstellen. Allerdings sollte nur jeweils eine Fruchtart in derselben Zuckerlösung kandiert werden.

Die Zuckerlösung wird so lange gekocht, bis sie im erkalteten Zustand Fäden zieht. Das kann man testen, indem man einen Löffel mit etwas Lösung in kaltes Wasser taucht und prüft, ob der erkaltete Sirup zwischen den Fingern Fäden ausbildet. Dieser Fadenzucker wird heiß über die Früchte, die in einer flachen Schüssel liegen, gegossen. Sie müssen vollständig von der Lösung bedeckt sein. Die Oberfläche deckt man mit

Herstellung einer Zuckerlösung

einem Stück Pergamentpapier zu, damit der Sirup nicht austrocknet. Das Ganze lässt man nun 24 Stunden ziehen.

2. Tag

Man hebt die Früchte mit einem Schaumlöffel aus dem Sirup, legt sie zum Abtropfen auf ein Kuchengitter und fängt die überflüssige Lösung in einer Schüssel auf. Die gesamte Zuckerlösung, die nun etwas dünner geworden ist, kocht man mit 60 g Einmachzucker pro 300 ml Lösung erneut bis zum Fadenzucker. Diesen Sirup gießt man wieder über die Früchte wie am 1. Tag.

Da das Volumen der Lösung geringer wird, muss man gegebenenfalls mit Wasser wieder auf 300 ml ergänzen und damit den Fadenzucker kochen. Die Zuckerlösung darf nicht zu lange gekocht werden, da sie sonst zu konzentriert wird und der Zucker auskristallisieren kann. Sollte das einmal passieren, erwärmt man die Früchte mit dem Zucker vorsichtig, bis sich dieser wieder gelöst hat und man die Früchte abtropfen lassen kann.

3. bis 7. Tag

Tägliches Wiederholen der Vorgehensweise vom zweiten Tag.

8. Tag

Man erhitzt die aufgefangene Zuckerlösung diesmal mit 100 g Einmachzucker,
gibt die Früchte dazu und lässt alles zusammen 3 bis 4 Minuten kochen. Das
macht die Früchte schön prall. Danach
gibt man die Zuckerlösung mit den
Früchten in eine Schüssel, deckt wieder
mit Pergamentpapier ab und lässt diesmal 48 Stunden ziehen.

10. Tag

Die Vorgänge des 8. Tages noch einmal
wiederholen, aber nun das Ganze vier
Tage stehen lassen.

14. Tag

Man hebt die Früchte mit dem Schaumlöffel aus dem Sirup und lässt sie auf
einem Kuchengitter abtropfen. Dann
trocknet man sie im Backofen bei 50 °C
oder an einem anderen warmen Ort,
wobei man die Früchte gelegentlich um-
dreht. Die kandierten Früchte sind fertig, wenn sie sich nicht mehr klebrig an-
fühlen und seidig glänzen.

> In Alufolie oder Wachspapier eingewi-
> ckelt lassen sich kandierte Früchte an
> einem kühlen, trockenen Ort monate-
> lang aufbewahren.

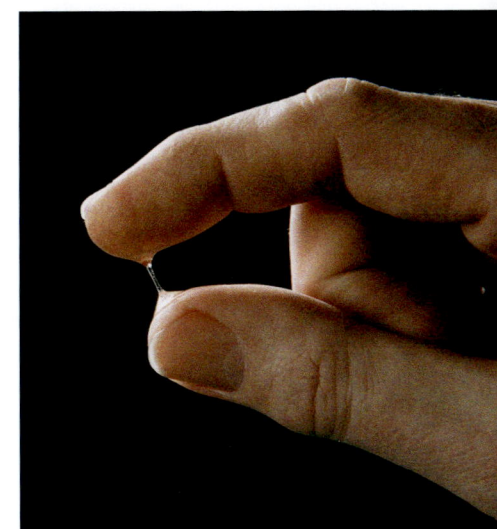

*Wenn die kalte Zuckerlösung Fäden zieht, hat
sie die richtige Konsistenz.*

Kandieren von Zitrusfrucht-schalen

Das zum Backen häufig verwendete Zi-
tronat und Orangeat ist nichts anderes
als kandierte Schale von Zitronatzitro-
nen oder Pomeranzen (Bitterorangen).
Diese Früchte sind allerdings bei uns nur
sehr selten verfügbar. Aus normalen Zi-
tronen-, Orangen- und Grapefruitscha-
len kann man sich aber auch diese
Backzutat selbst herstellen.

1. Tag

Die Früchte werden gut gewaschen und dann so geschält, dass möglichst wenig weißes Fleisch an der Schale hängt. Die in 2 bis 3 cm breite Stücke geschnittene Schale wird aufgekocht und das erste Kochwasser weggeschüttet. Man lässt die Schale abtropfen und kann nun, falls notwendig, noch das restliche weiße Fleisch entfernen. Dann kocht man die Schalen erneut mit Wasser auf und lässt sie 1 bis 2 Stunden köcheln, bis sie weich sind. Nun fügt man Einmachzucker (250 g auf 300 ml Kochflüssigkeit) hinzu, löst ihn unter ständigem Rühren auf und lässt noch einmal aufkochen. Man nimmt den Topf von der Kochstelle und lässt ihn offen abkühlen.

2. Tag

Die Lösung mit den Schalen kocht man erneut auf und lässt 10 Minuten leise köcheln. Dann lässt man das Ganze wieder abkühlen.

3. Tag

Man wiederholt die Vorgänge des 2. Tages. Die Schalen müssen nun deutlich ihr Aussehen und ihre Konsistenz verändert haben. Man lässt sie auf einem Gitter abtropfen und trocknet sie wie kandierte Früchte.

Kandieren von Dosenfrüchten

Auch Dosenfrüchte kann man kandieren. Hierzu lässt man die Früchte abtropfen, fängt den Dosensirup auf, er-

gänzt, falls notwendig, mit Wasser auf 300 ml und kocht daraus den Fadenzucker mit 250 g Einmachzucker. Vor dem Kandieren brauchen die Dosenfrüchte, die ja schon bei der Konservierung in Sirup gekocht wurden, nicht mehr gegart zu werden.

Dann verfährt man die ersten fünf Tage lang wie beim Kandieren von frischen Früchten. Die nächsten Tage überspringt man und setzt beim 8. Tag fort. Von da an erfolgt alles, wie oben beschrieben.

> Der beim Kandieren übrig gebliebene Sirup kann noch weiterverwendet werden, zum Beispiel zum Süßen von Mixgetränken, Desserts oder Obstsalat.

Glasieren von Früchten

Möchte man schnell einige Früchte als Verzierung für Torten, Kuchen oder Desserts zum baldigen Verzehr zubereiten, kann man auf die einfachere und schnellere Methode des Glasierens zurückgreifen. Auch die meistens auf Jahrmärkten erhältlichen roten „Liebesäpfel" oder die glasierten Weintraubenspieße kann man sich auf diese Weise selbst herstellen. Man bereitet eine Zuckerlösung aus 250 ml Wasser und 500 g Einmachzucker und kocht bei kleiner Hitze, bis die Lösung dick zähflüssig wird und lange Fäden zieht.

Die Früchte oder Fruchtstücke spießt man auf Zahnstocher oder andere Holzspieße und taucht sie zunächst kurz in kochendes Wasser. Auf Küchenkrepp tupft man sie trocken und hält sie anschließend gleich in die heiße Zuckerlösung. Dann steckt man die Früchte mithilfe der Holzspieße oder Zahnstocher in einen halben Kohlkopf, eine halbe Orange oder Ähnliches und lässt sie an einem warmen Ort trocknen.

Möchte man kandierte oder glasierte Früchte noch mit einer Schokoladenglasur überziehen, taucht man sie einfach ganz oder auch nur teilweise in flüssige Kuvertüre und lässt sie auf Alufolie trocknen.

Gezuckerte Früchte

Eine Abwandlung des Glasierens ist das Herstellen gezuckerter Früchte. Mundgerechte Stücke spießt man auf eine Gabel und hält sie kurz in kochendes Wasser. Dann lässt man sie auf Küchenkrepp abtropfen und wälzt sie, kurz bevor sie trocken sind, in Kristallzucker. Auch diese Früchte müssen bald verzehrt werden.

Alle Arten von Beeren eignen sich hervorragend zum Zuckern.

Früchte in Alkohol

Die keimtötende Wirkung von Alkohol, die aus der Medizin bekannt ist, kann man sich auch bei der Konservierung von Früchten zunutze machen. Hierzu werden die Früchte in **hochprozentige Spirituosen** eingelegt, sodass alle schädlichen Mikroorganismen abgetötet werden. Am besten eignen sich dafür 54 %iger Rum oder andere hochprozentige Brände wie Weinbrand oder Calvados. Je niedriger der Alkoholgehalt ist, desto geringer ist die Haltbarkeit der eingelegten Früchte. Verwendet man nur 42 %ige oder gar 38 %ige Spirituosen, kann man den Alkoholgehalt durch den Zusatz von Weingeist (96 %iger Alkohol, der in Apotheken erhältlich ist) erhöhen und somit die Haltbarkeit verlängern. Greift man nicht zu dieser Maßnahme, sollten die Früchte innerhalb von vier bis acht Wochen verzehrt werden.

Eine zusätzliche konservierende Wirkung übt der Zucker aus, der mit den Früchten vor dem Einlegen vermischt wird. Hier rechnet man auf zwei Teile Früchte einen Teil Zucker.

Benötigte Geräte

Am bekanntesten und wohl auch am häufigsten ist das Ansetzen eines **Rumtopfes**. Dieser wird am besten in einem Steingutgefäß mit 5 Liter Fassungsvermögen angesetzt. Die Glasur des Topfes sollte frei sein von Haarrissen oder sonstigen Beschädigungen, da sich an diesen Stellen schädliche Mikroorganismen ansiedeln können.

Man kann den Rumtopf auch in einem Glasgefäß ansetzen. Allerdings beeinträchtigt der Lichteinfall während der langen Lagerzeit die Farbe der Früchte, sodass ein Glasrumtopf auf alle Fälle dunkel stehen muss.

Für das Einlegen einzelner Fruchtarten in Alkohol kann man verschiedene kleinere Gefäße aus Glas oder Keramik verwenden. Die Größe richtet sich nach der Menge, die man ansetzen will. Am besten eignen sich Gläser, die mit einem Deckel mit Gummidichtung und Metallklammer dicht verschlossen werden können. Das Steingutgefäß für den Rumtopf und andere Gefäße ohne speziellen Deckel werden während der Reifezeit mit Cellophan verschlossen.

Die vorgesehenen Gefäße werden mit heißem Wasser gründlich gereinigt, wobei besonders darauf zu achten ist, dass hier keine Rückstände von Reinigungsmitteln mehr vorhanden sind. Die gewaschenen Früchte lässt man in einem Durchschlag abtropfen und trocknet sie mit Küchenkrepp ab. Für ihre Vorbereitung benötigt man ein scharfes Messer, einen Entsteiner und ein Schälmesser. Die richtigen Mengen an Rum bzw. anderen Spirituosen, Zucker und Früchten werden mit einem Messbecher und einer Küchenwaage abgemessen. In einer

Schüssel vermischt man die Früchte mit dem Zucker. Mit einem sauberen Holzlöffel wird der Rumtopf umgerührt. Müssen einige Zutaten vor dem Ansetzen erhitzt werden, benötigt man noch einen sauberen Kochtopf für diesen Zweck.

Die Geräte auf einen Blick

Steingutgefäß mit 5 Liter Fassungsvermögen für Rumtopf
kleinere Gefäße aus Glas oder Keramik mit Deckel oder Einmachcellophan
Durchschlag
Messer
Entsteiner
Schälmesser
Messbecher
Küchenwaage
Holzlöffel
evtl. Kochtopf

Der klassische Rumtopf

Der Rumtopf kann auf eine lange Tradition zurückblicken. Schon vor Generationen legte man die Früchte einer Erntesaison nacheinander in Rum und Zucker ein, um sie dann in der Winterzeit süß und vollgesogen mit Alkohol zu genießen. Auch wenn heute in manchem Haushalt der Rumtopf etwas in Vergessenheit geraten ist, sollte man diese Art des Einlegens von Früchten unbedingt wieder aufleben lassen. Allerdings muss man etwas Geduld aufbringen, da man erst ein halbes Jahr nach dem ersten Ansetzen probieren kann.

Rumtopffrüchte lassen sich nicht nur pur genießen, sondern eignen sich auch hervorragend zum Verfeinern von Desserts wie Eis oder Pudding. Allerdings darf man den Alkoholgehalt der Früchte nicht unterschätzen: Sie haben es in sich!

Auswahl und Vorbereitung der Früchte

Für den Rumtopf dürfen nur makellose, feste Früchte verwendet werden. Sie werden entstielt, gewaschen und mit Küchenkrepp abgetrocknet.

Nicht jedes bei uns reifende Obst ist für einen Rumtopf geeignet. Abhängig von der Erntezeit werden nacheinander die im Folgenden aufgeführten Früchte in den Rumtopf gegeben.

- Als Erstes wandern die Erdbeeren in den Rumtopf. Man lässt sie ganz; nur sehr große Früchte werden halbiert.
- Bei den Himbeeren sucht man sich die größten und schönsten Exemplare aus. Auch sie werden ganz belassen.
- Süß- und Sauerkirschen werden entsteint.
- Pfirsiche und Aprikosen schält man zunächst. Hierfür werden die Früchte kurz überbrüht oder für wenige Minuten im Mikrowellenherd auf höchster Stufe erhitzt und anschließend kalt abgeschreckt. Danach lässt sich die Haut gut abziehen. Dann entfernt man den Stein und schneidet die Früchte in mundgerechte Stücke.
- Pflaumen und Mirabellen werden entsteint und halbiert.
- Birnen sollten fest und saftig, auf keinen Fall mehlig sein. Man schält sie, entfernt das Kerngehäuse und schneidet sie in mundgerechte Stücke.

Ansetzen des Rumtopfes

Die Früchte müssen ganz frisch verarbeitet werden. Nachdem die verschiedenen Obstarten entsprechend vorbereitet worden sind, vermischt man sie mit normalem Haushaltszucker und lässt das Ganze mindestens eine Stunde lang ziehen. Entstehender Saft wird mit in den Rumtopf gegeben.

> Grundrezept für das Ansetzen des klassischen Rumtopfes:
> Für 500 g Früchte verwendet man 250 g Zucker.

Das Frucht-Zucker-Gemisch wird in das vorgesehene Gefäß gefüllt und mit 54 %igem Rum übergossen, sodass alle Früchte vollständig bedeckt sind. Mit einem sauberen Holzlöffel rührt man vorsichtig um, damit sich der Zucker löst. Sollten die Früchte anfangs nach oben schwimmen, kann man sie mit einem sauberen Tellerchen beschweren. Der Topf wird nun mit Cellophan und einem eventuell vorhandenen Deckel verschlossen und an einem kühlen (bei Glasgefäßen auch dunklen) Ort, aber nicht im Kühlschrank, aufbewahrt. Man sollte täglich kontrollieren, ob noch alle Früchte von Rum bedeckt sind. Sollte das nicht der Fall sein, weil die Früchte schon so viel Rum aufgesogen haben, füllt man die entsprechende Menge nach.

Nacheinander gibt man nun von Juni bis Oktober die Früchte wie oben beschrieben in den Rumtopf. Hat man die letzten Früchte eingelegt, lässt man den Rumtopf noch vier bis sechs Wochen

Der klassische Rumtopf

stehen. Dann ist er endlich fertig und es kann gekostet werden. Die Entnahme darf nur mit völlig sauberen Geräten erfolgen, damit keine Verunreinigungen eingeschleppt werden. Falls dies doch einmal geschehen ist und die Früchte zu gären beginnen, kann man bei rechtzeitigem Einschreiten noch Abhilfe schaffen, indem man ein bis zwei Esslöffel 96 %igen Alkohol (Weingeist) pro Liter Rumtopf hinzugibt. So behandelte Früchte müssen aber bald verzehrt werden. Hat sich schon eine heftige Gärung mit Schaumbildung entwickelt, muss man den Topfinhalt leider wegwerfen.

Eine Variation:
Der exotische Rumtopf

Wer auch in den Wintermonaten einen Rumtopf ansetzen möchte, für den bietet sich die exotische Variante an. Besonders in der Vorweihnachtszeit werden in unseren Obsttheken viele tropische Früchte angeboten. Zahlreiche exotische Obstarten gibt es auch als Dosenfrüchte zu kaufen, die man selbstverständlich ebenso nehmen kann.

Auswahl und Vorbereitung der Früchte

Im Folgenden werden verschiedene Tropenfrüchte aufgeführt, die man nach Belieben in dem Rumtopf miteinander kombinieren kann.

- Ananas sollte im exotischen Rumtopf auf keinen Fall fehlen. Die frische Ananas wird geschält und geviertelt. Der holzige Kern wird entfernt und das Fruchtfleisch in mundgerechte Stücke geschnitten. Verwendet man Dosenfrüchte, lässt man die Fruchtstücke in einem Sieb abtropfen. Sie bedürfen keiner weiteren Vorbereitung.
- Die Fünfsternfrucht oder Carambola verwendet man ungeschält. Die wachsartige Haut wird gründlich gereinigt. Dann schneidet man die Frucht in 2 cm dicke Scheiben, die je nach Größe noch einmal halbiert oder geviertelt werden.
- Kiwis gehören bei uns zum täglichen Obstangebot und werden kaum mehr als Exoten bezeichnet. Für den Rumtopf sollte man nur sehr feste Früchte auswählen. Sie werden geschält und in nicht zu dünne Scheiben geschnitten.

- Kumquats gehören zu den Zitrusfrüchten. Diese Zwergorangen werden mit der Schale verzehrt. Man reinigt sie gründlich, belässt sie im Ganzen und sticht sie mit einem Zahnstocher mehrfach ein.
- Limetten sind die grünen Verwandten unserer Zitronen. Da sie auch mit Schale verarbeitet werden, sollten sie ungespritzt sein. Nach einer gründlichen Reinigung schneidet man sie in sehr dünne Scheiben.
- Litschis, die besonders aus der chinesischen Küche bekannt sind, müssen zunächst geschält werden. Die feste, aber brüchige rotbraune Schale wird mit einem Messer angeritzt und kann dann abgezogen werden. Dann halbiert man die Früchte und entfernt den großen Kern. Litschis sind auch als Dosenfrüchte erhältlich, die ebensogut geeignet sind.
- Honigmelonen werden geviertelt. Man entfernt die Kerne und schneidet das Fruchtfleisch dann in mundgerechte Würfel oder sticht kleine Kugeln aus.
- Papayas müssen zunächst geschält werden. Dann entfernt man die zahlreichen schwarzen Kerne und kratzt das weiche Fruchtfleisch heraus. Das feste Fruchtfleisch schneidet man in mundgerechte Stücke. Als Ersatz kann man auch die abgetropften Dosenfrüchte verwenden.

Ansetzen des exotischen Rumtopfes

Die vorbereiteten Früchte werden abwechselnd in das vorgesehene Gefäß geschichtet. Dann werden sie mit weißem Rum, in dem man den Zucker aufgelöst hat, übergossen.

Der exotische Rumtopf

Grundrezept für das Ansetzen des exotischen Rumtopfes:
Auf 700 ml weißen Rum rechnet man 500 g Zucker.

Der Zucker wird in dem leicht erwärmten Rum aufgelöst. Man muss darauf achten, dass der Rum auf keinen Fall zu stark erhitzt wird oder kocht, da sonst zu viel Alkohol verfliegt. Sobald der gesüßte Rum abgekühlt ist, gießt man ihn über die Früchte, die etwa 2 bis 3 cm mit Flüssigkeit bedeckt sein sollten. Danach verschließt man den Topf mit Cellophan und lässt ihn an einem kühlen, dunklen Ort vier bis sechs Wochen ruhen. Dann darf gekostet werden.

Selbstverständlich lassen sich die exotischen Früchte beliebig mit unseren einheimischen kombinieren. Hierbei kann man immer wieder neue Zusammensetzungen ausprobieren oder seinen Lieblingsfrüchten den Vorzug geben.

Andere Früchte in Alkohol

Es muss nicht immer Rumtopf sein. Viele Obstarten eignen sich auch dafür, in anderen Spirituosen eingelegt zu werden. Möchte man eine bestimmte Fruchtart in Alkohol einlegen, so sollte die Art der Brände auf die Frucht abgestimmt sein. So passt Kirschwasser zu Kirschen, Himbeergeist zu Himbeeren, Slibowitz zu Pflaumen usw. Man kann natürlich auch Früchte mit andersartigen Bränden kombinieren; dabei sollte man aber darauf achten, dass der Fruchtgeschmack mit dem Aroma der Spirituosen harmoniert.

Um den Alkoholfrüchten noch einen besonderen Geschmack zu verleihen, kann man statt des normalen Haushaltszuckers braunen oder weißen Kandiszucker verwenden. Die in den Rezepten angegebenen Zuckermengen können beliebig durch Kandiszucker ersetzt werden.

Weiterhin ist es wichtig, qualitativ hochwertige Brände zu verwenden. Da das Ansetzen von Alkoholfrüchten ohnehin nicht ganz billig ist, sollte man nicht am falschen Ende sparen, damit man später nicht von dem Geschmack enttäuscht ist. In Alkohol eingelegte Früchte sollte man nach dem Ansetzen in der Regel etwa vier bis sechs Wochen ruhen lassen, bevor man die erste Kostprobe macht. Auch hier darf die Entnahme nur mit völlig sauberen Geräten erfolgen. Wie beim Rumtopf sollten die Gefäße kühl und bei Verwendung von Glas zusätzlich dunkel aufbewahrt werden, bis sie zum Verzehr verwendet werden.

Rezepte

Ananasscheiben in Weinbrand

1 Ananas
250 g Zucker
500 ml Weinbrand

Die Ananas schälen und in 1 bis 2 cm dicke Scheiben schneiden. Den holzigen Kern ausstechen und die Ananasscheiben mit dem Zucker in eine flache Schüssel schichten. Die obere Schicht mit Zucker bestreuen. Das Ganze abgedeckt mindestens 12 Stunden ziehen lassen. Dann den Sirup abgießen und einmal aufkochen. Die Ananasscheiben in ein weithalsiges Glas schichten. Den Sirup mit dem Weinbrand vermischen und über die Früchte geben, sodass sie vollständig bedeckt sind. Das Gefäß sofort verschließen. Mindestens zwei Wochen durchziehen lassen.

Aprikosen in Weinbrand

1 kg Aprikosen
500 g Zucker
700 ml Weinbrand

Die Aprikosen überbrühen, enthäuten und halbieren. Die Steine entfernen und die Hälften in Gläser schichten. Mit dem Zucker bestreuen und mit dem Weinbrand aufgießen. Verschließen und mindestens sechs Wochen durchziehen lassen.

Beschwipste Aprikosen

250 g getrocknete Aprikosen
2 Zimtstangen
½ Flasche Southern Comfort

Die getrockneten Aprikosen in ein vorbereitetes Glas schichten. Die Zimtstangen dazugeben und das Ganze mit
Southern Comfort auffüllen, bis die
Aprikosen gut bedeckt sind. Das Glas
dicht verschließen und zwei bis drei Wochen durchziehen lassen. Die be-
schwipsten Aprikosen passen besonders
gut zu Vanilleeis.

> **Variante**
> Auch getrocknete Pflaumen eignen
> sich gut zum Einlegen in Alkohol. Hier-
> für verwendet man Wodka oder Gin
> und lässt die Zimtstangen weg.

Birnen in Birnengeist

1 kg Birnen
250 g Zucker
1 Zimtstange
2 Nelken
700 ml Birnengeist

Die Birnen schälen, halbieren und das
Kerngehäuse entfernen. Die halben
Früchte mit etwas Wasser kurz aufkochen. Abgekühlt in ein Glas mit den Gewürzen und dem Zucker schichten. Mit
dem Alkohol übergießen, verschließen
und mindestens vier Wochen durchziehen lassen.

Erdbeeren in Sherry

1 kg Erdbeeren
500 g Zucker
700 ml Cream Sherry
100 ml 54 %igen Rum

Die Erdbeeren waschen, abtrocknen und
von den Kelchblättern befreien. Die
Früchte mit dem Zucker in vorbereitete
Gläser schichten. Den Rum darüber gießen und mit dem Sherry auffüllen. Verschließen und zwei Wochen durchziehen lassen. Innerhalb von drei Monaten
verzehren.

Heidelbeeren mit Curaçao

500 g Heidelbeeren
250 g Zucker
500 ml Rotwein
250 ml Curaçao

Die Heidelbeeren verlesen, waschen und
gut abtropfen lassen. Mit dem Zucker
vermischen und in ein vorbereitetes Gefäß füllen. Den Curaçao und den Rotwein darüber gießen und sofort verschließen. Vier Wochen durchziehen lassen und innerhalb von drei Monaten
verbrauchen.

Himbeeren in Himbeergeist

500 g Himbeeren
500 g Zucker
125 ml Wasser
250 ml Himbeergeist

Die Himbeeren verlesen, waschen, vorsichtig abtrocknen und in ein Glas schichten. Den Zucker in dem erhitzten Wasser auflösen. Die Lösung abgekühlt über die Früchte gießen. Den Himbeergeist dazugeben, das Glas verschließen und mindestens vier Wochen durchziehen lassen.

Kirschen in dreierlei Alkohol

500 g Süßkirschen
250 g Zucker
500 ml Kirschwein
100 ml Rum
100 ml Kirschwasser

Die Kirschen waschen, abtrocknen und entsteinen. Mit dem Zucker vermischen und in ein vorbereitetes Glas füllen. Den Kirschwein, den Rum und das Kirschwasser darüber gießen und sofort verschließen. Vier Wochen ziehen lassen und innerhalb von drei Monaten verbrauchen.

Kirschen in dreierlei Alkohol

Kiwis in Gin

6 Kiwis
200 g Zucker
500 ml Gin

Die Kiwis schälen und in nicht zu dünne Scheiben schneiden. Mit dem Zucker in vorbereitete Gläser schichten und mit dem Gin auffüllen. Mindestens vier Wochen durchziehen lassen.

Kumquats in Whisky

500 g Kumquats (Zwergorangen)
250 g brauner Zucker
500 ml Whisky
1 Zimtstange

Die Kumquats waschen und abtrocknen. Die Früchte in nicht zu dünne Scheiben schneiden und wechselweise mit dem Zucker in ein vorbereitetes Gefäß schichten. Die Zimtstange darauf legen und mit dem Whisky auffüllen, sodass alle Früchte vollständig bedeckt sind. Mindestens vier Wochen durchziehen lassen.

Variante
Statt Whisky kann man auch weißen Rum und statt dem braunen Zucker weißen Kandiszucker verwenden. Die Zimtstange kann man bei dieser Variante weglassen oder durch eine Vanillestange ersetzen.

Litschis in Rum

600 g Litschis
200 g Zucker
400 ml weißer Rum
Saft einer Zitrone

Die Litschis schälen, halbieren und die großen Kerne entfernen. Die Früchte in vorbereitete Gläser schichten. Den Rum mit dem Zitronensaft erwärmen (nicht kochen) und den Zucker darin auflösen. Die Lösung über die Früchte geben und die Gefäße sofort verschließen. Mindestens sechs Wochen durchziehen lassen.

Melone mit Sherry

1 kg Fruchtfleisch einer Honigmelone
500 g Zucker
700 ml trockener Sherry
abgeriebene Schale einer Zitrone
1 Zimtstange

Die Honigmelone zerteilen, die Kerne entfernen und das feste Fruchtfleisch in mundgerechte Stücke schneiden. Die Melonenstückchen in ein ausreichend großes, sauberes Steingutgefäß mit dem Zucker und den Gewürzen schichten. Mit dem Sherry auffüllen, sodass alle Fruchtstücke bedeckt sind und gut verschließen. Vier Wochen durchziehen lassen und dann innerhalb von zwei Monaten verbrauchen.

Pfirsiche in Calvados
1 kg Pfirsiche
300 g Zucker
6 EL Wasser
Saft einer Zitrone
400 ml Calvados

Pfirsiche mehrmals einstechen, überbrühen und dann die Haut abziehen.

Früchte halbieren, Steine entfernen und
die Hälften nochmals durchschneiden.
Den Zucker mit dem Wasser und dem
Zitronensaft aufkochen und die Pfirsiche darin 3 Minuten dünsten. Abkühlen
lassen. Die Früchte in Gläser geben. Zur
Hälfte mit dem Sirup, den Rest mit Calvados auffüllen. Verschließen und vier
Wochen durchziehen lassen.

Sauerkirschen in Amaretto

Pflaumen in Slibowitz

1 kg Pflaumen
1 kg Zucker
1 Zimtstange
700 ml Slibowitz

Die Pflaumen waschen und vorsichtig abtrocknen. Anschließend mit einem Zahnstocher mehrmals vorsichtig einstechen. In ein vorbereitetes Gefäß abwechselnd mit dem Zucker schichten, die Zimtstange in die Mitte legen. Mit dem Slibowitz auffüllen und sofort verschließen. Falls sich der Zucker nach zwei Wochen noch nicht ganz aufgelöst hat, vorsichtig mit einem sauberen Holzlöffel umrühren. Dann noch mindestens sechs Wochen durchziehen lassen.

Pflaumen mit Honig und Armagnac

1 kg Pflaumen
300 g flüssiger Honig
700 ml Armagnac

Die Pflaumen waschen, mit Küchenkrepp gründlich abtrocknen und mehrmals mit einer Gabel rundherum einstechen. Die Früchte in ein vorbereitetes Glas schichten. Den Honig mit dem Armagnac verrühren und über die Pflaumen gießen. Das Glas verschließen und mindestens vier Wochen durchziehen lassen.

Sauerkirschen in Amaretto

1,5 kg Sauerkirschen
500 g Zucker
Saft einer Zitrone
250 ml Amaretto
250 ml 54 %iger Rum

Die Kirschen waschen und abtropfen lassen. Entsteinen und dabei den Kirschsaft auffangen. Den Saft mit dem Zitronensaft und dem Zucker mischen und so lange erhitzen, bis der Zucker gelöst ist. Die Kirschen in Gläser schichten und mit der Lösung übergießen. Amaretto und Rum mischen und damit die Gläser auffüllen. Vier Wochen durchziehen lassen.

Weintrauben in Grappa

250 g helle Weintrauben
250 g blaue Weintrauben
250 g Zucker
6 EL Wasser
500 ml Grappa

Die Weintrauben waschen, abtrocknen, von den Stielen zupfen und in Gläser schichten. Den Zucker mit dem Wasser aufkochen und über die Trauben geben. Mit dem Grappa auffüllen und sofort verschließen. Vier Wochen durchziehen lassen.

Süß-sauer Eingelegtes

Süß-sauer eingelegte Früchte werden mit einem **Sud aus Essig, Zucker und Gewürzen heiß übergossen** und anschließend luftdicht verschlossen. Die meisten Mikroorganismen können in dem sauren Milieu, wie es hier durch den Zusatz von Essig geschaffen wird, nicht leben. Einige sind jedoch sozusagen säurefest. Um ein Verderben der Früchte durch diese überlebenden Mikroorganismen zu vermeiden, sollte man das Einmachgut zusätzlich erhitzen. Wird der Sud nur heiß über die Früchte gegeben, liegt die Haltbarkeitsdauer bei einigen Monaten. Sterilisiert man die verschlossenen Gefäße zusätzlich, kann man das süß-sauer Eingelegte mindestens ein, aber meistens zwei bis drei Jahre ohne Qualitätsverlust lagern. Nicht zuletzt trägt auch der hohe Zuckergehalt zu der konservierenden Wirkung bei.

gemessen. Die gewaschenen Früchte lässt man in einem Durchschlag abtropfen und trocknet sie anschließend mit Küchenkrepp ab. Für die Vorbereitung benötigt man ein scharfes Messer und ein Schälmesser. In einem weiten, flachen Topf erhitzt man den Sud und rührt mit einem sauberen Kochlöffel aus Kunststoff um.

Zum Einlegen geeignete Gefäße sind Keramik- oder Steinguttöpfe oder Glasgefäße, die am besten mit einem Deckel mit Gummidichtung und Metallklammern verschlossen werden können. Andernfalls kann man sie mit Einmachcellophan oder Wachspapier und einem Stück Schnur oder einem Gummiring verschließen. Will man das Eingelegte noch zusätzlich sterilisieren, kann man genauso vorgehen wie beim Einkochen von Kompott.

> Süß-sauer eingelegte Früchte kann man pur verzehren. Meistens werden sie als Beilage zu Fleisch- und Fischgerichten, Fondue oder Raclette gereicht.

Benötigte Geräte

Die richtigen Mengen an Früchten, Zucker und Essig werden mit einer Küchenwaage und einem Messbecher ab-

---

Die Geräte auf einen Blick

Küchenwaage
Messbecher
Durchschlag
Messer
Schälmesser
flacher Topf
Kochlöffel aus Kunststoff
Gefäße aus Keramik, Steingut oder Glas mit Deckel oder Einmachcellophan/Wachspapier mit Schnur oder Gummiring

Die Zutaten

Die wichtigsten Zutaten zum süß-saurer Einlegen sind **Essig** und **Zucker**. Beim Essig kann man wählen zwischen Weißwein- und Rotweinessig, Obstessig und Apfelessig. Aromatisierte Essige sollte man nicht verwenden, da diese zu viel Eigengeschmack besitzen. Wie beim Einkochen von Kompott empfiehlt sich auch bei dieser Konservierungsmethode die Verwendung von Einmachzucker.

> Grundrezept für den Sud bei süß-sauer Eingelegtem:
> 500 ml Essig und 500 g Einmachzucker

Mit diesem Mischungsverhältnis ist die konservierende Wirkung auf jeden Fall gewährleistet.

Dem Sud kann man je nach Geschmack verschiedene Gewürze zusetzen. Geeignet sind zum Beispiel Ingwer, Nelken, Vanille, Zimt und Zitronenschale.

Geeignete Früchte und ihre Vorbereitung

Nicht alle Früchte sind für das süß-sauer Einlegen geeignet. Bewährt haben sich für diese Zubereitungsart Aprikosen, Birnen, Brombeeren, Heidelbeeren, Holunderbeeren, Johannisbeeren, Kirschen, Pfirsiche, Pflaumen, Quitten und Kürbisse. Wer es ganz exotisch haben möchte, kann auch Ananas, Mangos und Papayas süß-sauer einlegen.

Die Früchte müssen fest und makellos sein. Angeschlagene Früchte oder sogar solche mit fauligen Stellen dürfen auf keinen Fall mitverarbeitet werden.

Zunächst werden die Früchte gründlich gewaschen, abgetropft und mit Küchenkrepp abgetrocknet.

Brombeeren, Heidelbeeren, Holunderbeeren und Johannisbeeren werden im Ganzen eingelegt.

Kirschen und Pflaumen werden nicht entsteint, sondern nur rundherum mit einem Zahnstocher mehrmals eingestochen, damit die Früchte nicht platzen und der Sud gut eindringen kann.

Aprikosen und Pfirsiche enthäutet man, entfernt den Stein und schneidet sie in vier oder acht gleich große Stücke.

Birnen müssen vor dem Einlegen gewaschen, geschält, entkernt und klein geschnitten werden.

Die vorbereiteten Früchte werden im Essig-Zucker-Sud gekocht.

Bei Birnen und Quitten entfernt man die Schale und das Kerngehäuse und schneidet sie in nicht zu kleine Stücke.

Das Fruchtfleisch von Kürbissen wird ebenso in mundgerechte, aber nicht zu kleine Stücke geschnitten.

Die Ananas wird geschält und längs geviertelt, sodass man den holzigen Kern entfernen kann. Dann schneidet man das Fruchtfleisch in mundgerechte Stücke.

Die Mango wird halbiert und der Kern entfernt. Dann löst man das Fruchtfleisch von der Schale und schneidet es ebenso in mundgerechte Stücke.

Ähnlich verfährt man mit der Papaya. Aus den beiden Fruchthälften kratzt man die Kerne und das weiche Fruchtfleisch mit einem Löffel heraus. Das feste Fruchtfleisch wird von der Schale gelöst und zerschnitten.

Einlegen der Früchte

Bevor man mit dem Einlegen beginnt, muss man die benötigten Gefäße und Deckel gründlich mit heißem Wasser und Spülmittel reinigen. Anschließend spült man sie noch einmal mit heißem klarem

Wasser aus und lässt sie bis zu ihrer Verwendung umgedreht auf einem Küchentuch austropfen. Die Gummidichtungen der Deckel bleiben in heißem Wasser, bis sie gebraucht werden.

Abhängig von der Art der Früchte gibt es zwei verschiedene Vorgehensweisen beim süß-sauer Einlegen:

1. Bei der ersten Methode werden die vorbereiteten Früchte gleich im Sud mitgekocht. Nach der vorgeschriebenen Kochzeit seiht man die Früchte ab und schichtet sie in das vorgesehene Gefäß. Der Sud wird dann meistens nochmals durch Kochen eingedickt und anschließend über die Früchte gegossen.

2. Bei der zweiten Methode schichtet man die vorbereiteten Früchte roh in das Gefäß. Der Sud wird nach Vorschrift gekocht und heiß über die Früchte gegossen.

Sind die Gläser bis zum Rand gefüllt, sodass alle Früchte von Flüssigkeit bedeckt sind, werden sie entweder mit den passenden Deckeln oder mit Einmachcellophan oder Wachspapier und einem Stück Schnur oder einem Gummiring dicht verschlossen.

Bei beiden Methoden empfiehlt es sich, die Früchte nach etwa zwei Tagen nochmals aus dem Gefäß zu nehmen und über einem Sieb abtropfen zu lassen. Der aufgefangene Sud wird nun nochmals aufgekocht und eingedickt und abgekühlt wieder über die Früchte im Gefäß gegeben.

> Sollen die Früchte länger als einige Monate gelagert werden, empfiehlt es sich, nur Gläser mit einem gut verschließbaren Deckel zu verwenden und die verschlossenen Gläser zusätzlich zu sterilisieren. Die Methode ist im Kapitel „Kompott" (Seite 65ff.) beschrieben. Die Einkochtemperaturen und -zeiten können der Tabelle auf Seite 71 entnommen werden.

Wie die Früchte und der Sud jeweils zubereitet werden, wird in den einzelnen Rezepten genau beschrieben. Bei allen Rezepten können die verschlossenen Gläser zusätzlich sterilisiert werden.

Rezepte

Gewürzte Apfelringe

2 kg säuerliche Äpfel
750 ml Apfelessig
250 ml Wasser
500 g Einmachzucker
6 Gewürznelken
1 TL Koriander
1 Zimtstange
1 Stück Ingwer
abgeriebene Schale von einer Zitrone

Die Äpfel schälen, das Kerngehäuse ausstechen und die Früchte in etwa 1 cm dicke Ringe schneiden. In Zitronen- oder Essigwasser legen, damit sie nicht braun werden. Den Apfelessig mit dem Wasser, dem Zucker und den Gewürzen aufkochen. Die Apfelringe hinzugeben und so lange kochen, bis sie gerade weich sind. Die Früchte vorsichtig mit einem

Schaumlöffel herausnehmen und in vorbereitete Gefäße schichten. Die Lösung noch 15 bis 20 Minuten offen weiterkochen. Anschließend den Ingwer und die Zimtstange herausnehmen und die Lösung heiß über die Äpfel gießen. Gefäße sofort verschließen.

Aprikosen pikant

1 kg feste Aprikosen
500 ml Obstessig
500 ml Wasser
500 g Einmachzucker
1 Stück Ingwer
1 Zimtstange
1 TL Senfkörner
3 Gewürznelken
abgeriebene Schale einer Zitrone

Die Aprikosen heiß überbrühen, abschrecken und anschließend die Haut abziehen. Die Früchte halbieren und entsteinen. Essig, Wasser, Zucker und Ingwer mit den Aprikosenhälften und den restlichen, in ein Mullsäckchen gebundenen Gewürzen aufkochen. Die Früchte mit einem Schaumlöffel herausnehmen und in vorbereitete Gläser schichten. Die Lösung noch weiter einkochen, bis sie etwas dickflüssig wird. Das Mullsäckchen mit den Gewürzen und die Ingwerwurzel entfernen. Die Lösung heiß über die Früchte gießen und die Gläser sofort verschließen.

Ananas-Pickles

1 große Ananas
150 g Einmachzucker
125 ml Weißweinessig
8 Gewürznelken
2 Zimtstangen

Die Ananas schälen, den inneren Strunk herausschneiden und das Fruchtfleisch in mundgerechte Stücke schneiden. Den Essig mit Zucker, Nelken und Zimtstangen in einem Topf aufkochen, danach das Fruchtfleisch hinzugeben. Etwa 30 Minuten bei milder Hitze köcheln lassen, zwischendurch umrühren. Anschließend in vorbereitete Gläser füllen und sofort verschließen.

Birnen süß-sauer

2,5 kg Birnen
1 l Weinessig
250 ml Wasser
1 kg Einmachzucker
4 Nelken
1 Zimtstange

Die Birnen waschen, schälen, halbieren und das Kerngehäuse entfernen. In Wasser mit etwas Essig oder Zitronensaft legen, damit sie nicht braun werden. Essig, Wasser und Zucker mit den in ein Mulltuch gebundenen Gewürzen zum Kochen bringen. Die Birnen darin fast weich kochen, herausnehmen und in vorbereitete Gläser oder Steingutgefäße schichten. Die Essig-Zucker-Lösung noch weiter einkochen, bis sie etwas dickflüssig wird, und heiß über die Birnen geben. Die Gläser sofort verschließen.

Birnen süß-sauer

Brombeeren in Essig

1 kg Brombeeren
1 kg Einmachzucker
250 ml Weinessig

Die Brombeeren verlesen und waschen. Den Einmachzucker mit dem Essig aufkochen. Dann die Brombeeren hinzugeben, kurz aufwallen lassen, in Gläser füllen und diese sofort verschließen.

> **Tipp**
> Brombeeren in Essig sind besonders gut geeignet als Beilage zu Fleischgerichten.

Bunter Essigtopf

500 g Süßkirschen
500 g Pflaumen
500 g Pfirsiche
500 g Birnen
1 l Weinessig
500 ml Wasser
1 kg Einmachzucker

Die Früchte waschen und vorsichtig abtrocknen. Kirschen und Pflaumen entsteinen. Die Pflaumen anschließend halbieren. Die Pfirsiche mehrmals einstechen, heiß überbrühen und die Haut abziehen. Die Früchte halbieren, die Steine entfernen und die Hälften nochmals durchschneiden. Die Birnen schälen, halbieren und das Kerngehäuse entfernen. Die Birnenhälften nochmals durchschneiden. Den Essig mit dem Wasser und dem Zucker aufkochen. Die Früchte nach Sorten getrennt nacheinander in den Sud geben, kurz aufkochen lassen, mit einem Schaumlöffel herausnehmen und in vorbereitete Gläser schichten. Zuletzt die Birnen in die Lösung geben und darin köcheln lassen, bis sie glasig werden. Den heißen Sud über die Früchte geben und die Gläser sofort verschließen.

Hagebutten süß-sauer

1 kg Hagebutten
250 ml Obstessig
250 ml Wasser
500 g Einmachzucker

Die Hagebutten von Stielen und Blütenansätzen befreien und waschen. Die Früchte halbieren und mit einem kleinen Löffel die Kerne entfernen. Die Hagebuttenhälften nochmals gut waschen. Essig, Wasser und Einmachzucker erhitzen und die Hagebutten darin weich kochen. Die Früchte mit einem Schaumlöffel herausnehmen und in vorbereitete Gläser füllen. Die Lösung noch etwa 10 Minuten offen köcheln lassen und anschließend über die Früchte geben. Gläser sofort verschließen.

Heidelbeeren pikant

1 kg Heidelbeeren
500 ml Rotweinessig
400 g brauner Zucker
1 Stück Ingwer
½ Zimtstange
4 Gewürznelken

Die Heidelbeeren verlesen, waschen, abtropfen lassen und in vorbereitete Gläser füllen. Den Essig mit dem Zucker und den Gewürzen erhitzen und etwa 10 Minuten kochen lassen. Die Gewürze herausnehmen und den heißen Sud über die Heidelbeeren geben. Gläser sofort verschließen. Vor dem Verzehr mindestens zwei Wochen durchziehen lassen.

Kirschen süß-sauer

2 kg Süßkirschen
250 ml Weinessig
500 ml Wasser
800 g Einmachzucker
1 Zimtstange

Die Kirschen waschen und abtropfen lassen. In vorbereitete Gläser füllen. Essig, Wasser und Zucker mit der Zimtstange aufkochen und heiß über die Kirschen geben. Gefäße sofort verschließen.

Kirschen süß-sauer

Kürbis süß-sauer

2 kg Kürbisfleisch
500 ml Weinessig
500 ml Wasser
1,5 kg Einmachzucker
1 Stück Ingwer
1 Zimtstange
Saft und Schale einer Zitrone

Das Kürbisfleisch in Würfel schneiden. Essig und Wasser aufkochen und über die Kürbiswürfel geben. Das Ganze 12 Stunden zugedeckt ziehen lassen. Die Kürbisstücke herausnehmen. Den Sud mit dem Einmachzucker und den in ein Mullsäckchen gebundenen Gewürzen aufkochen. Die Kürbisstücke dazugeben und glasig kochen. Dann die Fruchtstücke mit einem Schaumlöffel herausnehmen und in vorbereitete Gläser oder Steingutgefäße einfüllen. Die Essig-Zucker-Lösung noch etwas einkochen, bis sie dickflüssig wird, und heiß über den Kürbis geben. Danach Gefäße sofort verschließen. Zwei Tage später den Sud, wie auf Seite 102 beschrieben, nochmals aufkochen.

Mango mit Basilikum

4 reife Mangos
125 ml Weinessig
500 ml Wasser
150 g Einmachzucker
frische Basilikumblätter

Die Mangos schälen, das Fruchtfleisch vom Kern ablösen und in etwa 2 bis 3 cm große Würfel schneiden. In vorbereitete Gläser einschichten. In jedes Glas je nach Größe drei bis fünf Basilikumblätter auf die Mangowürfel legen. Den Essig mit dem Wasser aufkochen und den Zucker darin auflösen. Die heiße Lösung gleichmäßig über die Früchte verteilen und die Gläser sofort dicht verschließen. Mindestens eine Woche durchziehen lassen.

Pflaumen in Rotwein

5 kg Pflaumen
750 g Einmachzucker
1 Flasche Rotwein
375 ml Essig
½ Zimtstange
5 Gewürznelken

Die Pflaumen entstielen, waschen und abtrocknen. Mit einem Zahnstocher mehrmals einstechen. Essig mit Zimt und Nelken aufkochen lassen, dann die Gewürze entfernen, Rotwein und Zucker hinzugeben und wieder aufkochen. Die Pflaumen dazugeben und bis kurz vor dem Kochen erhitzen. Die Pflaumen mit dem Schaumlöffel herausheben und in die vorbereiteten Gläser schichten. Die heiße Lösung darüber gießen und sofort verschließen.

Schlehen süß-sauer

1,5 kg Schlehen
750 g Einmachzucker
375 ml Weinessig
½ Zimtstange
5 Gewürznelken

Die Schlehen waschen und mit Wasser bedeckt kurz aufkochen. Abtropfen lassen. Den Essig mit dem Einmachzucker und den Gewürzen aufkochen. Die Schlehen in den Sud geben und noch einmal kurz aufkochen. Die Früchte herausnehmen und in Gläser füllen. Die Lösung noch etwas einkochen und dann über die Schlehen gießen. Gläser verschließen.

Stachelbeeren pikant

1 kg grüne Stachelbeeren
250 g brauner Zucker
1 l Weinessig
2 Knoblauchzehen
350 g Rosinen
1 EL scharfer Senf
1 Messerspitze Cayennepfeffer

Stachelbeeren von Stielen und Blüten befreien und waschen. Mehrmals mit einem Zahnstocher einstechen. Mit dem Zucker und der Hälfte des Essigs so lange kochen, bis die Früchte platzen. Dann die zerdrückten Knoblauchzehen, die Rosinen, den Senf und den Cayennepfeffer hinzufügen und das Ganze aufkochen. Zum Schluss den restlichen Essig unterrühren. In Gläser füllen und sofort verschließen. Vor dem Verzehr sechs Monate durchziehen lassen.

Weintrauben-Pickles

500 g helle Weintrauben
125 ml Essig
250 ml Wasser
½ TL Salz
200 g Einmachzucker
2 Nelken
2 schwarze Pfefferkörner

Trauben von den Stielen lösen, waschen und gut abtropfen lassen. In vorbereitete Gläser füllen. Die restlichen Zutaten in einem Topf vermischen und unter Rühren erhitzen. So lange kochen, bis sich der Zucker vollständig gelöst hat. Die Lösung heiß über die Früchte geben und Gläser sofort verschließen. Mindestens eine Woche durchziehen lassen.

Chutneys

Das Wort Chutney stammt ursprünglich aus der indischen Sprache, dem Hindi, wurde von den Engländern abgeändert und bezeichnet eine **aus Früchten hergestellte Würzpaste**.

Chutneys werden unter Verwendung von Früchten, Zucker, Essig und Gewürzen zubereitet und haben eine marmeladenähnliche Konsistenz.

Diese süß-sauren Fruchtpasten, deren Ursprung in der asiatischen Küche liegt, dienen zur Verfeinerung von Fleisch- und Fischgerichten, aber auch Nudel- und Reisspezialitäten. Wer also seine herkömmlichen Gerichte einmal ganz anders würzen möchte, sollte es mit selbst gemachten Chutneys versuchen. Chutneys werden jeweils gesondert in Schälchen serviert und in kleinen Mengen jedem Bissen zugefügt.

Benötigte Geräte

Die einzelnen Zutaten werden mit einem Messbecher und einer Küchenwaage abgemessen. Zum Vorbereiten der Früchte benötigt man ein scharfes Messer und ein Schälmesser. Zum Aufkochen der Paste nimmt man einen großen, flachen Kochtopf und rührt mit einem sauberen Kochlöffel aus Kunststoff um. Abgefüllt wird das Chutney in kleine Gläser mit Schraub- oder Twist-off-Deckeln oder Deckeln mit Gummidichtung und Metallklammern. Zum zusätzlichen Abdecken der Oberfläche verwendet man Einmachcellophan.

Die Geräte auf einen Blick

Küchenwaage
Messer
Schälmesser
großer, flacher Kochtopf
Kochlöffel aus Kunststoff
Gläser mit Deckeln
Einmachcellophan

Die Zutaten

Die wichtigsten Zutaten, die den Chutneys den süß-sauren Charakter verleihen, sind **Essig und Zucker**.

Je nach Fruchtart kann man aus Weißwein-, Rotwein-, Apfel- und Obstessig den passenden heraussuchen. Bei einigen Rezepten wird noch zusätzlich Rot- oder Weißwein hinzugefügt.

Grundsätzlich ist normaler Haushaltszucker zur Bereitung von Chutneys geeignet. Um den Geschmack aber besonders zu unterstreichen, empfiehlt sich bei einigen Rezepten die Verwendung von braunem Zucker.

Weitere häufig benötigte Zutaten sind Zwiebeln und Knoblauch, die jeweils fein gehackt mitverarbeitet werden.

Außer Salz und Pfeffer würzt man Chutneys mit den unterschiedlichsten Gewürzen und Kräutern. Hierzu gehören Cayennepfeffer, Curry, Dill, Ingwer, Koriander, Muskatnuss, Nelken, Petersilie, Piment, Rosmarin, Salbei, Senfkörner, Thymian und Zimt.

Geeignete Früchte und ihre Vorbereitung

Der Geschmack der Früchte, die zu Chutneys verarbeitet werden, muss mit pikanten Gerichten harmonieren. Als geeignet anzusehen sind Ananas, Äpfel, Aprikosen, Bananen, Birnen, Brombeeren, Mangos, Nektarinen, Orangen, Papayas, Pfirsiche, Pflaumen, Preiselbeeren, Quitten, Stachelbeeren. Häufig werden mehrere Fruchtarten in einem Rezept zusammen verarbeitet.

Zunächst werden alle Früchte gewaschen und abgetrocknet. Schlechte Stellen sind großzügig zu entfernen.

Äpfel, Birnen und Quitten werden geschält, vom Kerngehäuse befreit und in kleine Würfel geschnitten.

Aprikosen, Nektarinen und Pfirsiche muss man zunächst enthäuten. Dann

Statt weißem Zucker kann man für Chutneys auch braunen Zucker verwenden.

Noch mehr Wissen über

Pflanzen & Gärten

(Gewünschtes bitte ankreuzen)

Fordern Sie kostenlose Zusatz-Infos

Schicken Sie mir bitte kostenlos informative Buchprospekte über:

☐ Pflanzen und Gärten

☐ Obstbau

Schicken Sie mir bitte kostenlos ein Probeheft der Zeitschrift(en):

☐ Gartenpraxis – Ulmers Pflanzenmagazin
Für Leser mit hohem Anspruch an Wissen zu Pflanzen und ihrer Verwendung in Haus und Garten.

☐ Obst & Garten
Praxisorientierte Beiträge für Hobbygärtner und gewerbliche Obstanbauer. Mit Arbeitskalender.

Schicken Sie mir bitte kostenlos Ihren aktuellen E-Mail-Newsletter:

☐ Gartenthemen

☐ Gartenkalender

☐ Tiere

E-Mail-Adresse

www.ulmer.de

Ulmer

Meine Adresse:

Vorname/Name

Straße/Nr.

PLZ/Ort

Tel.-Nr. (für Rückfragen)

Diese Karte habe ich entnommen aus:

Das Buch hat mir gefallen ☐ ja | ☐ nein,

well:

Antwort

Verlag Eugen Ulmer
Kundenservice
Postfach 70 05 61
70574 Stuttgart

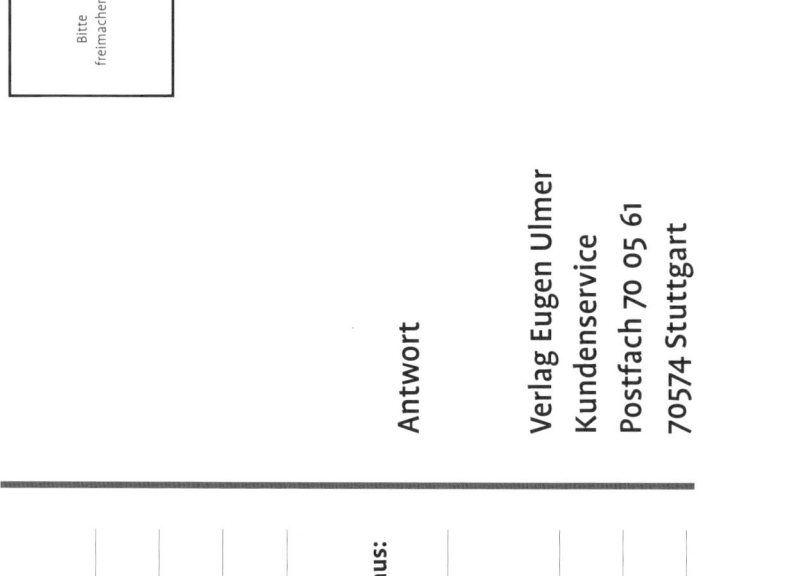

entfernt man den Kern und schneidet das Fruchtfleisch in kleine Stücke.

Mangos werden geschält. Das Fruchtfleisch wird von dem großen Stein abgelöst und in kleine Stücke geschnitten.

Bananen werden geschält und in dünne Scheiben geschnitten.

Die Orangen schält man so, dass die weißen Häute vollständig vom Fruchtfleisch entfernt sind. Dieses schneidet man dann in kleine Stücke.

Papayas werden halbiert, die Samen mit dem weichen Fruchtfleisch in der Mitte entfernt und anschließend wird das Fruchtfleisch von der Schale gelöst und in Stücke geschnitten.

Die Pflaumen werden halbiert, der Kern wird entfernt und das Fruchtfleisch zerkleinert.

Preiselbeeren werden nur etwas zerdrückt weiterverarbeitet.

Stachelbeeren werden von Blüten und Stielansätzen befreit.

Da es für die Herstellung von Chutneys keine allgemein gültige Vorgehensweise gibt, wird die jeweilige Zubereitungsmethode bei den entsprechenden Rezepten angegeben.

> Chutneys dürfen nicht mit Relishes verwechselt werden. Relish wird aus Gemüse zubereitet. Bei Chutneys sind dagegen die Hauptzutaten die verschiedensten Obstarten.

Rezepte

Ananas-Chutney

1 große, nicht zu reife Ananas
150 g Zwiebeln
Saft und Schale von zwei unbehandelten Zitronen
100 ml Apfelessig
2 TL dunkler Rum
150 g brauner Zucker
1 TL zerstoßene Pfefferkörner
1 Messerspitze gemahlene Nelken

Die Ananas schälen, vierteln und den holzigen Kern entfernen. Das Fruchtfleisch in kleine Stücke schneiden. Die Zwiebeln schälen und in kleine Würfel schneiden. Die Zitronen auspressen und die Zitronenschale fein raspeln. Alle Zutaten vermischen und unter Rühren aufkochen. Bei mittlerer Hitze 20 bis 30 Minuten offen köcheln lassen, bis die Masse eingedickt ist. Heiß in vorbereitete Gläser füllen und sofort verschließen.

Apfel-Bananen-Chutney

500 g Kochäpfel
250 ml Wasser
2 große Zwiebeln
200 g Rosinen
100 g kristalliner Ingwer
350 g brauner Zucker
3 große Bananen
25 g Salz
½–1 TL Cayennepfeffer
750 ml Apfelessig

Die klein geschnittenen Äpfel zusammen mit dem Wasser, den klein gehackten Zwiebeln, den Rosinen, dem Ingwer und dem Zucker vermischen und so lan-

Apfel-Birnen-Chutney

ge kochen, bis sie weich sind. Dann die zerschnittenen Bananen, die Gewürze und den Essig hinzufügen und offen köcheln lassen, bis die Masse eingedickt ist. Gelegentlich umrühren. Heiß abfüllen und sofort verschließen.

Apfel-Birnen-Chutney

4 Birnen
4 Äpfel
Zitronenwasser
1 Orange
1 Zitrone
150 g brauner Zucker
125 ml Wasser

100 ml Apfelessig
150 g Rosinen
Salz zum Abschmecken

Äpfel und Birnen schälen, halbieren und vom Kerngehäuse befreien. In Zitronenwasser legen, damit sie nicht braun werden. Die Orange und die Zitrone schälen, die weißen Häute entfernen und das Fruchtfleisch in Stücke schneiden. Je zwei vorbereitete Äpfel und Birnen mit den Zitrusfrüchten im Mixer der Küchenmaschine pürieren. Das Mus zusammen mit dem Zucker, dem Wasser und dem Essig aufkochen und etwa eine halbe Stunde bei milder Hitze köcheln lassen, bis die Masse eingedickt ist. Gelegentlich umrühren. Währenddessen die restlichen Äpfel und Birnen in kleine dünne Scheiben schneiden. Die Rosinen waschen und abtropfen lassen. Diese Zutaten zu der eingedickten Masse geben und das Ganze noch mal etwa fünf Minuten köcheln lassen. Eventuell mit Salz abschmecken. Heiß in vorbereitete Gläser füllen und sofort verschließen.

Aprikosen-Chutney

2 kg Aprikosen
500 g Zwiebeln
5 EL Öl
500 g brauner Zucker
250 ml Weißwein
125 ml Estragonessig
1 EL Ingwerpulver
1 EL Senfpulver
½ TL Thymian
½ TL Rosmarin
Salz und Pfeffer zum Abschmecken

Die Aprikosen waschen, halbieren, entsteinen und in kleine Stückchen schneiden. Die klein gehackten Zwiebeln in Öl andünsten, bis sie glasig sind. Dann die Aprikosen und die anderen Zutaten hinzugeben und das Ganze bei milder Hitze etwa 45 Minuten unter Rühren köcheln lassen. Die eingedickte Masse in vorbereitete Gläser füllen und sofort verschließen.

Bananen-Aprikosen-Chutney

3 Bananen
1 kg Aprikosen
125 g Korinthen (ungeschwefelt)
1 gelbe (oder grüne) Paprikaschote
500 g Zucker
350 ml Apfelessig
1 TL getrocknete, abgeriebene Orangenschale
1 Messerspitze Cayennepfeffer
2 Messerspitzen Nelkenpulver
1 Messerspitze Kardamon
schwarzer frisch gemahlener Pfeffer

Die Bananen schälen und in kleine Stücke schneiden. Die Aprikosen waschen, entkernen und zerkleinern. Die Korinthen waschen und in einem Sieb abtropfen lassen. Die Paprikaschote waschen, entkernen, die weißen Innenhäute entfernen und in kleine Würfel schneiden. Bananen, Aprikosen, Korinthen und Paprikawürfel zusammen mit dem Zucker in einen Topf geben und unter Rühren aufkochen. Dann die Orangenschale zugeben, mit den Gewürzen abschmecken und etwa eine Stunde leise köcheln lassen. Schließlich den Essig zugeben und alles 30 Minuten bei geringer Hitze kochen lassen. Anschließend in vorbereitete Gläser füllen und sofort verschließen.

Brombeer-Chutney

250 g Brombeeren
100 g Zucker
4-5 EL Balsamico-Essig
Saft einer halben Zitrone
1 kleine rote Zwiebel
1 Knoblauchzehe
1 Schnapsglas Cassis-Likör
einige Spritzer Tabasco
1 Messerspitze Cayennepfeffer

Die Brombeeren kurz abbrausen, abtropfen lassen und mit dem Zucker, dem Essig und dem Zitronensaft aufkochen. Die Zwiebel schälen und fein zerkleinern. Zusammen mit der gepressten Knoblauchzehe und dem Likör in die Masse einrühren und das Ganze etwa 10 Minuten köcheln lassen. Zum Schluss mit dem Tabasco und dem Cayennepfeffer abschmecken. Das fertige Chutney durch ein Sieb passieren, heiß in saubere Gläser füllen und sofort verschließen.

Variante
Man kann auch einen Teil der Brombeeren durch Himbeeren ersetzen und statt Balsamico Himbeeressig verwenden.

Mango-Pfirsich-Chutney

Mango-Pfirsich-Chutney

3 Mangos
1 kg Pfirsiche
250 g brauner Zucker
250 ml Weißweinessig
1 große Zwiebel
1 frische Peperoni
1 Knoblauchzehe
1 Limette oder Zitrone
½ TL Zimt
½ TL gemahlene Nelken
1 TL Kräutersalz
1 Messerspitze Cayennepfeffer

Die Mangos und die Pfirsiche schälen bzw. häuten und entsteinen. Das Fruchtfleisch in kleine Stücke schneiden. Die Zwiebel und die Knoblauchzehe schälen und fein hacken. Die Peperoni halbieren, die Kerne entfernen und die Schote in kleine Stücke schneiden. Die Limette schälen, die weißen Häute entfernen und das Fruchtfleisch in kleine Stücke schneiden. Alle Zutaten vermischen und unter Rühren etwa 30 Minuten köcheln lassen, bis die Masse eine marmeladenähnliche Konsistenz hat. Heiß in Gläser füllen und sofort verschließen.

Nektarinen-Chutney

1 kg Nektarinen
2 grüne Äpfel
125 ml Weißweinessig
125 ml Wasser
100 g brauner Zucker
2 große ungespritzte Zitronen
2 EL klein gehackten frischen Ingwer
100 g klein gehackte Mandeln
3 klein gehackte Knoblauchzehen
1 TL Senfkörner
½ TL klein gehackte scharfe Peperoni

Die Nektarinen schälen, die Steine entfernen und das Fruchtfleisch in kleine Stücke schneiden. Äpfel schälen, Kerngehäuse entfernen und ebenfalls in kleine Stücke schneiden. Die Zitronenschale dünn abraspeln. Anschließend die Zitronen entsaften. Die Früchte mit dem Zitronensaft und der -schale und den anderen Zutaten vermischen und unter Rühren etwa eine halbe Stunde köcheln lassen. Wenn die Masse eine marmeladenähnliche Konsistenz erreicht hat, in vorbereitete Gläser füllen und sofort verschließen.

Papaya-Pflaumen-Chutney

2 große Papayas
1 kg rote Eierpflaumen
100 g Rosinen
250 ml Apfelessig
250 g Zucker
2 Knoblauchzehen
3 TL gemahlener Ingwer
1 Zimtstange
½ TL Salz
1 Messerspitze Cayennepfeffer

Die Papayas schälen, halbieren und die Kerne mit dem weichen Fruchtfleisch entfernen. Die Früchte in kleine Stücke schneiden. Die Eierpflaumen waschen, abtrocknen, entsteinen und vierteln. Die Knoblauchzehen schälen und durch die Knoblauchpresse drücken. Die vorbereiteten Früchte mit den anderen Zutaten

Variante
Statt der Papayas kann man für dieses Chutneyrezept auch Aprikosen verwenden.

Papaya-Pflaumen-Chutney

vermischen, aufkochen und etwa eine halbe Stunde köcheln lassen, bis die Masse eingedickt ist. Die Zimtstange herausnehmen und das Chutney in vorbereitete Gläser füllen und sofort verschließen.

Pfirsich-Chutney

750 g Pfirsiche
1 säuerlicher Apfel
1 Birne
250 g Frühlingszwiebeln
2 Knoblauchzehen
375 ml Weinessig

250 g brauner Zucker
1 TL Salz
½ TL Zimt
1 TL Senfkörner
1 Messerspitze Cayennepfeffer

Pfirsiche mit kochendem Wasser überbrühen, enthäuten, halbieren und entsteinen. In kleine Stücke schneiden. Apfel und Birne schälen, Kerngehäuse entfernen und in kleine Stücke schneiden.
Zwiebeln fein würfeln, den Lauch in
Ringe schneiden. Die Früchte mit den
Zutaten vermischen und unter Rühren
etwa 40 Minuten köcheln lassen, bis die
Masse eingedickt ist. Heiß in vorbereitete Gläser füllen und sofort verschließen.

Preiselbeer-Chutney mit Kumquats

500 g Preiselbeeren
500 g Kumquats
2 säuerliche Äpfel
200 g Zucker
200 ml Weißweinessig
150 ml Wasser
6 Nelken
2 Zimtstangen

Die Preiselbeeren waschen und abtropfen lassen. Die Kumquats waschen, abtrocknen und in Scheiben schneiden,
dabei die Kerne entfernen. Die Äpfel
schälen, Kerngehäuse entfernen und in
kleine Stücke schneiden. Alle Zutaten
miteinander vermischen und unter Rühren etwa 15 Minuten kochen lassen.
Heiß in Gläser füllen und sofort verschließen.

Variante
Statt Kumquats kann man auch
geschälte Orangen verwenden.

Stachelbeer-Chutney

1,5 kg Stachelbeeren
250 g Zwiebeln
200 g Rosinen
350 g brauner Zucker
700 ml Gewürzessig
1 EL Senfkörner
20 g Salz
  Die Stachelbeeren von Stielen und
Blütenansätzen befreien und waschen.
Die Zwiebeln schälen und grob hacken.
Die Früchte mit allen Zutaten in einen
großen Topf geben und eine Stunde offen kochen lassen. Gelegentlich umrühren. Wenn die Masse eingedickt ist, in
saubere Gläser füllen und sofort verschließen.

Rezeptverzeichnis

Literaturhinweise

Becker, E.: Marmelade, Konfitüre, Gelee.
Frech-Verlag, Stuttgart 1987
Brandt, L.: Canning and Preserving. Lane
Publishing Co., Menlo Park, California
1988
Buchter-Weisbrodt, Helga: Trauben.
Verlag Eugen Ulmer, Stuttgart 2002
Johns, L. und V. Stevenson: Fruit for the
home and garden. Angus & Robertson
publishers, London, 1985
Lehari, Gabriele: Beeren. Verlag Eugen
Ulmer, Stuttgart 2001
Lehari, Gabriele: Erdbeeren. Verlag Eugen
Ulmer, Stuttgart 2002
Lehari, Gabriele: Exotisches Obst und
Gemüse für die Küche. Verlag Eugen
Ulmer, Stuttgart 2002
Lehari, Gabriele: Ulmers großes Obst-
und Gemüsebuch. Verlag Eugen
Ulmer, Stuttgart 2002
Lehari, Gabriele: Vorratshaltung. Frisch
halten, einfrieren konservieren. Verlag
Eugen Ulmer, Stuttgart 2003
Lehari, Gabriele: Zitrusfrüchte. Verlag
Eugen Ulmer, Stuttgart 2005
Mayr, Ulrich: Äpfel & Birnen. Verlag
Eugen Ulmer, Stuttgart 2001
WECK-Einkochbuch. WECK GmbH u. Co.
KG, Wehr-Öflingen, 2001

Adressen

www.cma.de
Dekotipps und Etiketten zum
Herunterladen finden Sie unter
www.einmachparty.de.

Sachregister

Bildquellen:

Titelfoto: Bernard Radvaner/StockFood
Helga Buchter-Weisbrodt: Seite 25
CMA – Bestes vom Bauern: Seite 8, 9, 11, 29, 31, 37, 38, 41, 43, 46 (1), 51, 52, 53, 56,
  63, 110, 112
Teubner Foodfoto: Seite 3, 10, 12, 18, 21, 26, 28, 33, 35, 44, 49, 54, 58, 60, 64, 66, 69,
  70, 74, 76, 77, 79, 81, 82, 83, 85, 86, 89, 91, 94, 96 (7), 98, 100, 101, 104, 105, 108,
  114, 116
Ingo Wandmacher: Seite 4

Die Zeichnungen fertigten Kerstin Heß, Stuttgart und Claudia Hosslin, Zürich an.

Die in diesem Buch enthaltenen Empfehlungen und Angaben sind von der Autorin mit größter Sorgfalt zusammengestellt und geprüft worden. Eine Garantie für die Richtigkeit der Angaben kann aber nicht gegeben werden. Autorin und Verlag übernehmen keinerlei Haftung für Schäden und Unfälle.

Bibliografische Information der Deutschen Nationalbibliothek
Die Deutsche Nationalbibliothek verzeichnet diese Publikation in der Deutschen Nationalbibliografie; detaillierte bibliografische Daten sind im Internet über http://dnb.d-nb.de abrufbar.

© 1991, 2008 Eugen Ulmer KG
Wollgrasweg 41, 70599 Stuttgart (Hohenheim)
E-Mail: info@ulmer.de
Internet: www.ulmer.de
Lektorat: Ingeborg Ulmer, Anke Ruf
Herstellung: Annemarie Kühner
Umschlagentwurf: red.sign, Anette Vogt, Stuttgart
Satz: Typomedia GmbH, Ostfildern
Druck und Bindung: Firmengruppe APPL, aprinta druck, Wemding
Printed in Germany

ISBN 978-3-8001-5755-6

1. ZUCKERRÜBENANBAU

In den gemäßigten Klimazonen, wie bei uns, ist die zuckerreichste Pflanze die Zuckerrübe, die etwa 16–22% Zucker enthält. Das wurde schon vor 250 Jahren entdeckt. Seit dem 18. Jahrhundert gibt es in Deutschland den Zuckerrübenanbau.

2. RÜBENERNTE

Von der Aussaat bis zur Ernte der Zuckerrüben im Herbst vergehen 180 Tage. Die Rüben verlangen einen guten und gelockerten Boden.

3. RÜBENWÄSCHE

In der Zuckerfabrik werden die Rüben zuerst gewaschen. Wasser und Erde gewinnt man wieder zurück.
Die Zuckerrüben werden klein geschnitten. Die Schnitzel gelangen daraufhin in den Extraktionsturm.

DIE NATUR BILDET ZUCKER

O₂ – SAUERSTOFF

SONNENLICHT (ENERGIE)

CO₂ – KOHLENDIOXID

ZUCKERBILDUNG (FOTOSYNTHESE)

ZUCKERSPEICHERUNG
SACCHAROSE C₁₂H₂₂O₁₁

H₂O – WASSER

Unter Verwendung der Sonnenenergie bilden alle Pflanzen aus dem Wasser des Bodens und dem Kohlendioxid der Luft in ihren Blattzellen Zucker (Saccharose). Dabei entsteht auch Sauerstoff. Diesen Vorgang nennt man Fotosynthese.
Der Zucker wird in der Rübe gespeichert.

6. KOCHSTATION

Kristallisationsprüfung

Der Dicksaft wird in der Kochstation, um den Zucker zu schonen, bei Unterdruck und verminderter Temperatur weiter eingedampft, bis sich Zuckerkristalle bilden. Der dabei entstehende Kristallbrei wird Füllmasse genannt.

Rübe zum Zucker

5. Verdampfstation

In Verdampfapparaten wird dem Dünnsaft so lange Wasser entzogen, bis Dicksaft mit einem Gehalt von 70% Zucker entsteht. Alle Verdampfapparate sind so miteinander verbunden, dass der eine mit seinem Dampf den jeweils nächsten heizt.

4. Rübenschnitzel

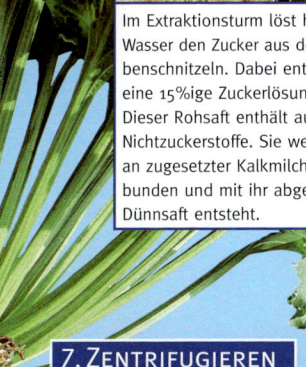

Im Extraktionsturm löst heißes Wasser den Zucker aus den Rübenschnitzeln. Dabei entsteht eine 15%ige Zuckerlösung. Dieser Rohsaft enthält auch Nichtzuckerstoffe. Sie werden an zugesetzter Kalkmilch gebunden und mit ihr abgetrennt, Dünnsaft entsteht.

Zuckervielfalt

7. Zentrifugieren

Die Füllmasse kühlt in den Maischen ab, dabei wachsen die Kristalle weiter. In der Zentrifuge werden die Zuckerkristalle durch Schleudern von dem zähflüssigen Sirup, der Melasse, getrennt. Weißer Zucker bleibt zurück.

Der größte Teil des Zuckers wird von der Lebensmittelindustrie weiterverarbeitet. Für den Privathaushalt wird eine große Zuckervielfalt angeboten.

1 Weißer Kandis	8 Weißer Würfelzucker
2 Grümmel/Krümel Kandis	9 Brauner Würfelzucker
3 Brauner Kandis	10 Raffinade
4 Kluntje Kandis	11 Brauner Zucker
5 Krusten Kandis	12 Gelierzucker
6 Zuckerhut	13 Hagelzucker
7 Glückswürfel	14 Puderzucker

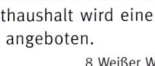

Bereichern Sie Ihren Speiseplan

Exotisches Obst und Gemüse.

Für die Küche. Gabriele Lehari. 4. Aufl. 2006. 128 S., 81 Farbf., kart. ISBN 978-3-8001-5327-5.

Ernte am Wegrand.

Wildkräuter, Früchte und Beeren. Mit 85 Rezepten. Christine Recht, Max-Felix Wetterwald. 4., aktualisierte Aufl. 2008. 128 S., 53 Farbf., 28 sw-Zeichn., 5 Tab., kart. ISBN 978-3-8001-4662-8.

Ulmer **Ganz nah dran.**